ちくま文庫

世界のことばアイウエオ

黒田龍之助

筑摩書房

目次

はじめに

世界の言語について、一人でどこまで語れるか？

本書はひとつの試みである。

「世界の言語」を扱った本は、すでにたくさん出版されている。ただし、分担執筆が基本であった。それぞれの言語の専門家が集まって、豊富な知識と経験と、ときには愛情たっぷりに、担当する言語を紹介していく。わたし自身もそのような本を何冊も読んできたし、ほんの少しだが執筆に参加したこともある。

ところが本書は、わたしがたった一人でさまざまな言語について考えていく。知識にも経験にも愛情にも欠ける、一人のアヤシい自称言語学者が、全世界の言語を相手になんらかの文章を捻《ひね》り出そうというのだ。無謀な話ではないか。

ということで、各言語についてバランスよく紹介することは、最初からあきらめている。必要に応じて、分担執筆で書かれた正確な記述をお読みいただきたい。本書は言語百科事典ではない。これをもとにレポートなどを書いたら必ず失敗することは、著者自らが保証する。

そもそも世界にはいったいいくつの言語があるのだろうか。一般には三〇〇〇とも五〇〇〇ともいわれているが、はっきりした数字で示すことはできない。確かなのは、世界中の言語をすべて知っている人はいないということ。それどころか、一人で全言語名を把握することだって、ほとんど不可能ではないか。それほど多様な世界の言語について、たった一人で考えようというのだから、どうがんばってもエッセイにしかならない。だったら、言語学的な難しい記述ではなく、楽しく読みやすい物語を目指そう。言語名だけをもとに、それについて知っていること、歴史やエピソード、場合によってはイメージだけからでもいいから、とにかくなにかエッセイにまとめる。アイスランド語と聞いて、どんなことが思い浮かぶだろうか。ウォロフ語やサーミ語だったらどうだろうか。知らない言語に突き当たったら、言語学辞典などで調べるつもりだ。

本書では、世界の言語をアイウエオ順に、つまり端から順番に眺めることにする。学術的な記述ではないので、言語学的な分類をする必要はない。その代わり、好き嫌いもいわない。どんな言語も平等に扱い、同じ分量で書いていく。選んだ一〇〇言語という数は、全世界の言語数から見れば微々たるものだ。しかもその選定基準は、著者の独断であることをご了承願いたい。

言語学を教えている。かつてはロシア語とか英語とか、具体的な言語の教育に携わっていたが、最近はもっぱら「言語とは?」「言語学とは?」といったテーマを扱っている。対象は世界の言語になるわけで、これはなかなかタイヘンだ。

ただし、言語学のあらゆる分野が世界中の言語を研究対象としているわけではない。とくに最近の言語学は、人間が言語を生成するメカニズムを理論的に追い求めるのが主流である。心の中、いや、頭の中がどうなっているのかを追究するわけで、これは心理学や生理学に近い。

ところが、わたしのやりたいのはそういうことではない。言語一般の法則がまずあって、それを個別言語に適応させていくような演繹《えんえき》的方法ではなく、個別言語をたくさん見つめながら、そこから何かをつかんでいく帰納的方法こそが、言語学であると信じている。時代遅れかもしれないけど。

最近の言語学者は、個別言語をたくさん勉強しない。言語学習は二つ三つでよしとして、あとは理論の追究に時間をかける。でも、それでいいのかなあ。わたしにはやっぱり、具体的な言語を学ぶところから、言語学は始まる気がするのだ。

昔の偉大な言語学者は、立派な理論も打ち立てたけど、個別言語の研究も忘れていない。ソシュールはサンスクリット語のほか、リトアニア語のアクセント研究に熱心だった。サピアはアメリカ先住民の言語に注目した。現代でもヤゲーロのウォロフ語や、ディクソンのオーストラリア先住民諸語など、優れた研究がある。そういう言語学のほうが、わたしの好みなのだ。

やっぱり、時代遅れかな。

個別言語研究は言語学と分かちがたく結びついている。ただし、本書は言語学の入門書ではない。それについてはすでに『はじめての言語学』（講談社現代新書）を上梓《じょうし》した。興味のある方はそちらを覗いていただければ幸いである。

本書は『はじめての言語学』の実践編として、個別言語に触れるためのイントロダクションの役割が果たせればと期待している。エッセイにどこまでの説得力があるか、なんともいえないのだが、読んでいるうちに何か外国語が勉強したくなってくれれば、著者としてはそれで充分なのである。

世界のことばアイウエオ

1　アイスランド語

　アイウエオ順に世界の言語を見ていくと、まずアイスランド語から始まる。寒い地方が好きなわたしには、なんとも相応《ふさわ》しい始まりのような気がする。いや、気がするだけではない。ヨーロッパの最北端に位置し、アイスランド語でイースラントというこの国には、実際に出かけていったことがあるのだ。ときはクリスマス。吹雪《ふぶ》いていたわけではなかったけれど、その寒かったこと。厳寒はロシアで慣れているつもりだったが、街へ出ようとホテルから一歩踏み出した瞬間、もしやズボンをはき忘れたかと、不安になって自分の脚に目をやるほど寒かった。

　アイスランド語といえば北欧神話「サガ」や英雄伝説「エッダ」が思い浮かぶ。この国には古くからの文字資料が伝わっている。文献学出身のわたしには嬉しい言語。首都レイキャビクの書店に入ったら、その壁に古文書をデザインしたポスターが貼ってあったことが、不思議と記憶に残っている。ラテン文字を基本としながらも、独特の文字が二つあり、そのうちの一つは国際音声字母、いわゆる発音記号にもある。数字の6を裏返しにして、おたまじゃくしのシッポ部分に斜め線が入る文字で、英語だったらTHISのTHの音を示す、アレだ。もう一つはTHINKのときのTHで、こちらはPに似ているけど、右側に突き出した半円の部分が縦棒の真中あたりにくる。

古本屋を覗いた。どこの国へ行っても、必ず古本屋に寄ってしまう。ただしアイスランド語は読めない。それでも本の背表紙を眺めているだけで楽しい。すると、店の主人からアイスランド語で話しかけられてしまう。これにはちょっと困った。だが主人はこちらの様子を見て、英語に切り替えてくれた。しばらく話をしたのだが、詳しいことは覚えていない。それにしても、古本屋の主人というのはどこでも雰囲気が似ている。

ホテルに帰ってテレビをつけたが、アイスランド語放送は一局しかなかった。人口三〇万人ほどのこの国では、当然かもしれない。その分、近隣諸国との関係が自然と密になる。輸入製品も多い。とくにデンマークからの物資が多くて、アイスランドの主婦は缶詰の説明書きくらいデンマーク語で読めるとどこかにあった。アイスランド語もデンマーク語も、先祖を同じくするゲルマン語派の言語だからよく似ているとはいえ、小さな国で二つの言語がこんなふうに共存しているところが、わたしの好みなのである。

2　アイヌ語

外国語という語を好んで使っているが、そのときちょっと困るのがアイヌ語だ。アイヌ語は外国の言語ではなく、日本の言語である。だが日本語ではない。日本語とは系統が明らかに異なる。沖縄の言語が日本語と同系であることと比べても、その特異性が際立っている。

アイヌ語を話す人はそれほど多くない。それどころか、アイヌ語のみで生活するのは、現実問題として難しい。だからといって、「現在の日本はほぼ単一言語の国といって差し支えない」などといい切ってしまっていいのだろうか。小さな存在を効率よく無視するのではなく、多様性から言語を考えていきたい。

単一言語国家ではないのだと、頭では分かっているつもりでいても、一つの言語の話者が圧倒的多数を占めている現状では、実感しにくいのも事実。だからといって、北海道に行けばいいというものでもない。よっぽど注意深くなければ、北海道にいるだけではアイヌ語に気づかない。

そこで、本の中にアイヌ語を求めることにした。

まず地名について。北海道や東北地方北部の地名にアイヌ語起源のものが多いことは、広く知られているし、興味を持っている人も多い。登別はヌプル・ペッ、つまり「濁った川」という意味であるというような知識は、確かにおもしろい。だが、アイヌ語の本当のおもしろさは、もっと奥が深いはず。

たとえば所有表現。いろいろな区別の仕方があるが、その一つに「他人に譲り渡すことができるかどうか」という基準がある。「箱」のように人にあげることのできるものと、「目」のようにそういうことはしないものでは、同じ「わたしの」をつけるにしても、その示し方がぜんぜん違う。また、動詞はいろんな接辞がつくことによって、ムクムクと膨れて一つの文を形成する。引用文中に使う「わたし」には、一、二、三人称（コラム02参照）のどれでもない「第四の人称」を使う。概説を読みながらも、ただただビックリ。わたしの知らなかった人称の概念。頭の中に新しい風が吹くようだ。

世界的な少数民族の権利拡張運動と連動して、アイヌ語を学習する気運が高まっているという。外国語じゃないけど、これだけ異なる言語が日本に存在する。ただただビックリすることを目指して、アイヌ語の概説を読むのも悪くない。

3 アイルランド語

昔の職場の友人S君が在外研究でダブリンにいるとき、ノコノコと遊びに行ったことがある。

アイルランドは英語で充分な国で、とくに首都はその傾向が強いという。確かにダブリンの街では、アイルランド語ができないために不自由したという記憶がない。英語の学習を目指して留学する人も多いと聞く。

だが街中で見かける通りの表示などは、ラテン文字で不思議なスペルが綴られている。これがアイルランド語で、わたしの目は自然とこれに引きつけられてしまう。公式にも、第一国語はアイルランド語で、第二国語が英語。

アイルランド語が不思議なのは、スペルばかりではない。たとえば文字をじっと見つめながら音を聴いているつもりでいても、そのうちどこを読んでいるのか分からなくなってしまう不思議。これは一つの子音字がいくつかの音に対応し、たとえば dh と綴って /w/ だったり /g/ だったり /j/ だったりと、まったく思いがけない音になるためだ。Dia dhuit. と書いて、「ヂーア　グイッチ」と読み、これで「こんにちは」だそうである。

アイルランドには「ゲルタハトゥ」と呼ばれるアイルランド語優勢地区がある。たとえば西部のゴルウェー。S君が車を運転してくれて、ここまで牡蠣《かき》を食べに行った。このゴルウェーは**言語地図**（コラム08参照）によるとゲルタハトゥになっている。でも、アイルランド語にはちっとも気づかなかったなあ。ビールと牡蠣がおいしくて、なんとすばらしい所だろうという印象だけ。

そうそう、ダブリンに戻ってからトゥリニティー・カレッジで『ケルズの書』を見たっけ。これはアイルランド語である。「ビール＋牡蠣＋古文書」の国なんて、わたしにとっては天国じゃないか。

前から不思議に思っていたのだが、アイルランド語とゲール語はどう違うのだろう。そこで調べてみたのだが、どうやら同じらしい。なーんだ。

4 アゼルバイジャン語

トルコ人の留学生から聞いた話。彼が高校生のとき、「生物学世界オリンピック」という学生向けイベントに参加するため、アゼルバイジャンの首都バクーに向かった。旧社会主義圏ではこういう催し物が盛んだったのである。

イスタンブールからバクーまではアゼルバイジャンの飛行機で行った。機内放送はもちろんアゼルバイジャン語。トルコ人の彼にはそれがほとんど分かる。トルコ語とアゼルバイジャン語はそれほど近いらしい。

ところが、近いからこそ生じる誤解もある。そろそろバクー到着というとき、このトルコ人は信じられない放送を耳にする。

「当機はまもなく墜落します」

彼がパニックになったことはいうまでもない。だが、周りはいたって冷静。後で分かったことには、トルコ語で「墜落する」という動詞は、アゼルバイジャン語では「着陸する」という意味だったそうだ。

これほど近いトルコ語とアゼルバイジャン語だが、その表記はトルコ語がラテン文字、アゼルバイジャン語はキリル文字である。旧ソ連邦に属していたため、アゼルバイジャンは他の多くの共和国同様、キリル文字を受け入れた。しかし連邦崩壊後は、キリル文字を捨ててラテン文字を採用することになった。ますますトルコ語に近くなる。

アゼルバイジャン語を話す人はイランにもいる。イランの言語であるペルシア語は、アゼルバイジャン語と系統がまったく違う。それでも、アゼルバイジャン語はトルコ語に比べて、ペルシア語の影響が大きいという。

日本でもアゼルバイジャン語の語学書がある。『アゼルバイジャン語会話練習帳』は一九九九年に大学書林から出た。すでにラテン文字で表記されている。しかもテープ付きだから音も聴ける。

この会話集で「当機はまもなく着陸します」という表現を探してみたが、残念ながらなかった。

5　アフリカーンス語

「アフリカーンス」をラテン文字で表記するとAfrikaans。aaと並ぶところが英語では見かけない綴りなので目を引くが、ドイツ語やオランダ語ならふつうである。

少し歴史を紹介。一七世紀半ば、オランダ東インド会社が現在のケープタウンに東洋航路の中継地を築いた。それ以来、この地に定住するようになったオランダ人の言語から発展したのが、現在のアフリカーンス語である。したがってこの言語は、オランダ語やドイツ語と同じくインド・ヨーロッパ（印欧）**語族**（コラム09参照）ゲルマン語派に属す。南アフリカでゲルマン系の**クレオール**（コラム01参照）言語が話されているなんて、歴史の偶然とはいえおもしろいではないか。

中でもオランダ語とは非常に近い関係にある。「おはよう」がオランダ語で「フーイエモルヘン」のところ、「フーイエモーレ」というのがアフリカーンス語。こういうのがわたしには限りなく楽しい。

ただし、アフリカーンス語の話者はみんな英語とのバイリンガル。したがって、コミュニケーションだけだったら、英語で用が足りてしまいそうである。それでも外国人向けの入門書があり、音声教材だって存在する。

そういえば大学生の頃、洋書店で偶然に『アフリカーンス語―英語辞典』を見つけて買い込んだ記憶があるのだが、いま本棚を探してもどうしても見当たらない。そもそも、どうして買う気になったのか、いまとなっては不明だ。きっと、アフリカの多くの地域がインド・ヨーロッパ諸語をそのまま受け入れたのに対して、アフリカーンス語だけは独自に形成されていったところが、なんだかいいなあと思ったのだろう。

しかしアフリカーンス語をめぐる状況は、それほど穏やかなものでもない。南アフリカについてはアパルトヘイトがあまりにも有名で、何を語るにしてもこれを避けて通れないのだが、アフリカーンス語はアパルトヘイトを推進してきた人たちの言語。一九七六年にアフリカーンス語を黒人教育に導入しようとして、騒乱が起きたくらいである。ということで、評判はあまりよろしくない。これだけ嫌われている「マイナー言語」も珍しい。

それでもわたしはアフリカーンス語に魅力を感じる。「罪を憎んで言語憎まず」なのだ。

言語学コラム 01 ピジンとクレオール

お互いに違った言語を話す人々が出会う。コミュニケーションしたいのだが、相手の言語が分からない。仕方がないのでその場しのぎの即興で、なんとか切り抜けることにする。発音や文法はこの際どうでもいい。学校の授業中ではないのだから、通じればいいのだ。商売をするのなら、大切なのはお互いが納得すること。細かいことは気にしない。このような背景から生まれるのが、ピジンである。

ピジンは、いずれの話し手にとっても母語ではない。相手の言語を学んでしまっては、ピジンにならない。他にお互い通じる言語がないから、ピジンが使われるのである。文書に残すような立派なものではなく、口頭でのコミュニケーションが基本。たとえ口頭でも、使用される場面や相手を選ばなければならない。冠婚葬祭などの公式な場面では、その場しのぎの即興コミュニケーションはまずいので、ピジンは使われない。

特徴は、簡単なことである。その場しのぎの即興が複雑では、誰も使いこなせない。だが、「○○語が簡略化して○○語ピジンになる」と考えるのは、少し違う。簡単には違いないが、一つの言語が変化してできるものはピジンではない。

このように、ピジンとは「とにかくコミュニケーションがしたい!」という強引なまでの欲求の結果として生まれたものであり、その意味ではなかなか逞《たくま》しい。外国語学習者の中には、この逞しさに憧れる人だっているかもしれない。「文法を気にせず、のびのびと英会話がしたい！」という発想は、ピジンの精神に近い。

ピジンは使わなければならない状況がなくなれば、つまり言語を異にする人たちと接触しなくてよくなったり、他の手段でコミュニケーションすることになったりすれば、自然と消滅してしまう。その場しのぎなんだから、所詮はかない運命なのである。

だが、使わなければならない状況が長く続けば、その場かぎりと思っていたものだって、だんだんと安定化してくる。恒常的に使っているうちに、しまいにはピジンしか話せない人も現れる。これがクレオールである。

クレオールについては、人類学では難しい定義もあるかもしれないが、言語学ではピジンが母語化したものであると、いたって単純にとらえている。定義は単純であるが、その構造は多くの場合ピジンより複雑になっている。

通常の自然言語とみなされる言語の中には、クレオール起源の可能性があるものも少なくないと聞く。言語が接触した結果、大きな変化をした言語は確かにたくさんありそうだ。現代のように世界中の人が交流するようになれば、未来にはすべての言語がクレオールになるんじゃないかと想像してしまう。そんなことは分からないが。

ピジンもクレオールも、個別の言語名ではない。ときどき、一定の言語に対して「○○クレオール語」とか「○○ピジン語」とかいった名称が与えられているが、それはピジンやクレオールの一部に過ぎない。

そもそもピジンはその場かぎりなんだから、教科書なんかあるはずがない。ところが岡村徹『はじめてのピジン語——パプアニューギニアのことば』(三修社)という語学書を見つけてしまった。いったいどうなっているんだ？　あわてて買い求める。

結果からいえば、これは言語学でいうところのピジンではない。パプアニューギニアで使われるピジンの一種である、トクピシン語の教材だったのだ。この言語はパプアニューギニアで共通語として、総人口の約三〇パーセントによって使われる。単なるオーラル・コミュニケーションの手段だけでなく、議会や、政府の機関誌、さらにはラジオ放送まである。つまり、実態としてはクレオールなのだ。

書名は誤解を与えそうでちょっと困るのだが、『はじめてのピジン語』は読んでいてなかなかおもしろい。英語がベースとなるトクピシン語は、例文を眺めていれば想像がつくことも多いので、クイズのように楽しめる。

だいたいにおいて、大胆なまでに簡略化されているという印象を持つが、それだけではない。「わたしの名前」は nem bilong mi となる。my よりもはるかに長い bilong mi を使うのは、簡略化に逆行するように思えるかもしれないが、bilong だけですべての所有関係を示せるので、やっぱり単純になっているのだ。

言語の未来を占うかのようなピジン・クレオールは、言語学者の注目を集めている。

言語学コラム 02　人称

一人称が「話し手」、二人称が「聞き手」、そして三人称が「それ以外」というのが原則。三人称には、一、二人称以外のすべてが含まれる。したがって《四人称》はない。

もしあれば、これとは違った分類法ということになる。

ずいぶん単純な概念である。あまりに単純なので、誰にでも分かるだろうと思ったのだが、実はそうでもないらしい。かつて言語学の先生が、こんなことをいっていた。

「子どもに『わたしの手』って何人称になるのか、質問してごらん。小さい子ほど戸惑うから」

なるほど。「わたしの手」は「わたし」の一部なんだから、一人称ではないかという疑念がわく。これが「わたしの頭」や「わたしの心」だったら、もっと分からなくなる。子どもには難しいのかもしれない。

でも、大人だったら分かるはず。だからこそ大人の言語学習には、文法を活用するほうがいいのである。

えっ、大人でも分からないですか？　あなたは子どもの心を持ち続けているのですね。

6 アムハラ語

アムハラ語はエチオピアの言語である。わたしの専門とはおよそ繋がりがないのだが、実は密《ひそ》かにCD付き教材を買って、将来に備えている。

アムハラ語の魅力はその文字。エチオピア文字は音節文字で、独特のかわいい形がコロコロと並ぶ。音節文字なので数は多く、勉強するときにはタイヘンだろうが、こんな文字の読み書きができればなあと、夢が膨らむ。今では Word のフォントにも入っているから、キーボードを叩きながら覚えていくこともできる。

エチオピアは古くからのキリスト教国である。宗教関係の古文書は、いかにも古いキリスト教らしい素朴な挿絵《さしえ》が多く、そこにエチオピア文字がコロコロと並ぶ。これを眺めていると、古代スラブ語のグラゴール文字の文献のように見えてしまう。一部ではその相互関係を唱える研究者もいるようだが、それはいくらなんでもアヤシい。

でも、わたしの専門と無理やり結びつけるには、うまい口実になりそうな気もする。

さて、日本のCDショップは多言語空間なのだが、あるときエチオピアのジャズを見つけて購入し、以来よく聴いている。一九七〇年代のエチオピアはレコード製作がたいへん盛んで、近代化運動の推進とともに、なかなか冒険的な音楽を追求していたようである。このCDはその頃に発表されたもの。気に入ったので、他にもエチオピア音楽CDを探して、数枚買った。ジャケットにエチオピア文字が書いてあり、それを眺めているだけで、なんだかワクワクする。

文字ばかりに注目しているが、アムハラ語には**放出音**（コラム10参照）があるし、アフロ・アジア語族といいながら喉音《こうおん》を失っているし、言語学的にもいろいろとおもしろい。一時は社会主義体制だったり、内戦でもめたりと不安定な国だが、一度は訪れてみたいと狙っている。個人では恐いから、パック旅行にしようかな。

そういえば、ロシアの大詩人プーシキンはエチオピア人の血が流れているといわれ、本人もそれを誇りにしていたらしい。

7 アラビア語

アラビア語は秀才の言語だと信じている。

外国語学部でアラビア語を専攻する学生は、きっと外国語が得意なはず。高校までに英語だけでなく、ドイツ語もフランス語も独学でできるようになっている。ヨーロッパには飽きていて、だから日本ではまだまだ紹介が少ない中近東の言語を目指す。羨ましい。そんなイメージを勝手に膨らませる。

そういう秀才はあの文字だって恐れない。実際、アラビア文字はとても難しそうに見える。「ミミズののたくったような字」なんていう人もいるけれど、よく見ればけっこう切れ切れだ。とにかく、恐れを感じるから「ミミズ」なのだろう。だが語学に興味がある人ならば、あれこそ克服したい目標。右から左へ書く難しさ。語頭と語中と語末で文字の形が少しずつ変わり、しかもそれが続けて書かれている。あれで手帳にサラサラとメモを書いたら、さぞかし気分のよいことだろう。

音だってなかなか手ごわい。舌を巻くなんてやさしいほう。たとえばバグダッドの

「グ」は喉の奥をこすって出す。イスラム教国の教主兼国主であるカリフの「カ」なんて、詰まったものを吐き出すような音だと説明される。何も詰まっていないのに、それを吐き出すのだ。これぞ秀才の技ではないか。

わたしですか？　いや、わたしは秀才じゃないんで、アラビア語はできません。いつまで経っても憧れているだけ。アラビア語なんて、わたしにはまだまだです。

だが、そんな言い訳も通用しなくなってきた。今やアラビア語はＣＤ付きの参考書もたくさんあるし、ラジオやテレビの講座だってある。誰でも学べる庶民的な外国語になったのであって、わたしのイメージは当たっていない。

ただし勉強するからには、「秀才の言語」である気持ちを忘れないでほしい。世界で約三億人が話しているほどポピュラーでも、国連の公用語になるほどメジャーでも、アラビア語に取り組むことは究極の外国語学習なのである。

8 アルザス語

ドーデの短編「最後の授業」(『月曜物語』に収録)の舞台は、現フランス・アルザス地方である。主人公の少年フランツが遅刻して学校に到着すれば、その日がフランス語の最後の授業で、今後はドイツ語しか教えられなくなったことを知る。

多くの日本人に愛読されたこの物語は、かつて小学校の国語の教科書にも採用されており、わたしも読んだ。現在ではその政治性が批判されて、収録されていないらしい。この点について、わたしは批判も擁護もしない。

ただし、長年の疑問があった。

習わなければ使えない「国語」とは何なのか。

主人公フランツはフランス語最後の授業に直面して、「それだのに私はやっと書けるくらい!」と嘆く。では読んだり、話したりはどうなのか。それが子どもの頃から不思議だった。

大人になった今、アルザスの言語状況を調べてみる。アルザスにはアルザス語というオリジナル言語があるらしい。ただし書きことばというよりは主に話しことばが基本で、方言という位置づけもされる。そのため言語人口を正確に把握するのも難しいようだが、一〇〇万人以上は話しているようだ。

アルザス語は系統としてドイツ語に近い。だとすれば、アルザスの住民はもともとドイツ語系の言語を使っていたことになる。だいたいフランツという名前がドイツ風ではないか。だとしたら、フランス語は少々「遠い」はずだ。もっとも、歴史的にはこの地域はドイツとフランスの間で所属が揺れ動いているから、多言語文化圏と捉えたほうがいいのかもしれない。

平和な時代に考えれば、ドイツ語文化とフランス語文化の両方に接することができる地域なんて、最高じゃないかと想像する。すくなくとも飲み物については、アルザスはワインとビールの両方がおいしい。ワインはリースリング種の白がよい。一方ビールは、ロマンス語圏には好みのビールがすくない中で、クローネンブルグ１６６４ビールが気に入っている。どちらもアルザス産。

フランス語文化とドイツ語文化に加え、独自のアルザス語文化が花開けば、どんなに魅力的なことか。

9　アルバニア語

アルバニアのことは、つい忘れてしまいそうになる。

一九九〇年までは社会主義政権で、かつてはワルシャワ条約機構のメンバーでもあった。それなのに東欧関係者ですら、アルバニアの存在をときどき忘れているんじゃないかと、疑いたくなる。政権が変わってから、人々はどんな暮らしをしているのだろうか。そういえばアルバニアの旅行ガイドブックというのは、ついぞ見たことがない。

その言語であるアルバニア語はインド・ヨーロッパ語族に属するのだが、これも忘れてしまいそうになる。でも一九世紀に比較言語学が盛んな頃は、言語学者たちの注目を集めていたこともあったらしい。

旧ユーゴスラビアと国境を接していたので、スラブ系言語の影響を期待してアルバニア語の単語集を眺めるのだが、そういうものはほとんどなさそうだ。概説書によれば、ロマンス系の語彙は多いというのだが、そちらのほうも分からない。

そんなアルバニア語の教科書を、ずいぶん以前だが早稲田の古本屋で見つけて、買い求めた。

アズキ色でそれほど厚くもないその本は、いかにも教科書らしい体裁。つまり、挿絵付きで少しずつ表現を教える古いタイプ。質はあまりよくないけどカラー印刷で、素朴なイラストがいかにも社会主義っぽい。qeni という信じられない綴りがあって、その上には犬のイラスト。教えたいことは分かるが、それにしても q の後に u 以外が続くと、勝手ながらなんとも居心地が悪い。この q はキュとチュの中間のような音だそうだ。じゃあ「キェニ」になるのかな。

まえがきはフランス語と英語で書かれている。これを拾い読みしたら、これは在外アルバニア人向けに作られた初めての教科書であることが分かった。さらに巻末には英語とフランス語で語彙の対応表。でも独習はちょっと難しそう。

小さな国が好きなわたしにすら、盲点だったアルバニアとその言語。こうやってアイウエオ順に言語のことを考えて、初めて気づくこともある。

10　アルメニア語

アルメニア語はカッコいい。

まず、文字がカッコいい。あのなんともいえない不思議なかたち。アルメニア文字は四世紀末、あるいは五世紀はじめに大主教メスロプ・マシュトツが創ったとされる。つまり、考案者まで分かっている文字なのである。このマシュトツについて詳しく知りたいのだが、そういう資料はやはりアルメニア語で書かれたものしかないのだろうか。

それから歴史がカッコいい。フランスの言語学者アントワーヌ・メイエによる古典的名著『史的言語学における比較の方法』（泉井久之助訳、みすず書房）でもっとも感動的なのは、なんといってもアルメニア語がインド・ヨーロッパ語族であることを証明するところである。思いもよらない音の対応と緻密な分析調査。日本語とインドの言語を無理やりこじつけるようなのとは、レベルが違うのである。

古文書はどこも美しいのだが、アルメニア語の古文書がとくに美しく見えるのはなぜだろう。エキゾチックで荘厳。ロシアよりも古い文字文化を持っていたことに、アルメニア人自身も誇りを持ってきた。同じキリスト教文化を共有しながら、カトリックとも正教とも違うアルメニア教会の雰囲気にも憧れる。

アルメニア語は東と西で大きく違うらしい。アルメニア本国は東アルメニア語で、海外のディアスポラ、つまり離散民の言語は西アルメニア語である。まずは本国の東アルメニア語かな。ある程度分かるようになったら、現地に行ってカッコよさを実感したい。

はじめに克服するべきは、もちろん文字だろう。ドイツで出版された『アルメニア文字入門』*Einführung in die armenische Schrift* は、まさにアルメニア文字の習字帳で、筆記体の書き順も含めて、懇切丁寧に教えてくれる。また、Word のフォントにもアルメニア文字がある。インストールしておけば、それをポチポチ打ちながら文字を覚えることも可能だ。アメリカあたりでは子ども向けのアルメニア語文字教本もある。西アルメニア語かもしれないけれど、こちらも覗いてみたい。

それにしても、アルメニア本国に入国するのは難しいのだろうか。

11　イタリア語

一九九〇年代以降、日本における状況が激変した言語はイタリア語だろう。それまでの日本は、不思議なくらいイタリア語に興味がなかった。それがＮＨＫでイタリア語講座を放送するようになったあたりから、見る間にイタリア語熱が広まり、今ではロシア語はおろか、ドイツ語やスペイン語よりもメジャーになってしまった気さえする。

イタリア語はやさしいという伝説がある。多くの言語が難しいという濡れ衣を着せられているのに対し、羨ましいほどの好条件だ。ただし、勉強してみれば分かることだが、イタリア語だってそれほどやさしくない。動詞は面倒な活用をするし、冠詞だってある。発音だけは日本語話者にとって比較的やさしいが、それだって「比較的」に過ぎない。たとえば、平たいパスタであるタリアテッレ。この「リ」は舌の真中あたりを口の天井部分につけて発音し、「リ」と「ギ」の中間というか、とにかくこれをちゃんと発音しようと思ったら、ちょっと苦労する。楽な外国語なんてない。それでも、イタリア語は愛される。

イタリアが愛される理由はよく分かる。おいしい食べ物、美しい風景、明るい人柄。言語の勉強にしてもそうだ。学習動機のほとんどが、海外旅行でイタリア語が使えたら楽しいだろうな、というもの。

その代わり文学を読みたいという希望はまず聞かないのが残念だ。ダンテまではいかなくても、イタロ・カルヴィーノやナターリア・ギンズブルグあたりを楽しむという目標はどうだろう。わたしはこの二人が好きで、いつの日かイタリア語で読みたいと、本だけは買ってある。

会話が目標になるのは、イタリア語の場合、仕方がないかもしれない。だって誰もがニコニコと話しかけてくれるイタリアは、外国語初心者にとって天国のように嬉しいところなのだ。

わたしもイタリアを旅行して実感した。こちらの話すたどたどしいイタリア語に、いやな顔一つせず懸命に耳を傾けてくれる。あるときレストランに入って、メニューがよく分からないのでウエイターに質問したら、彼は厨房まで案内して料理を見せてくれた。ことばを超えるものがイタリアにはある。

外国語学習には、それが困るんだけどね。

12 イディッシュ語

高校生の頃、日本橋の丸善へ一人で出かけ、洋書を眺めるのが好きだった。語学書コーナーには、いろんな言語の教科書や辞書とともに、ポケットサイズの会話集シリーズが並んでいた。二〇言語以上の会話集のほとんどが、英語の題名を見ればどこのことばであるか見当がつくのだが、一つだけYiddishというのが分からない。そこで書店員に尋ねてみると、「ユダヤ人の言語です」という答えが返ってきた。

だが、高校生のわたしにはピンとこない。ユダヤ人って、イスラエルに住んでいる人のことだろ。だったらヘブライ語じゃないのかな。無知な結論である。

ユダヤ文化に対して日本人は知識が非常に少ない。ナチスに迫害されたかわいそうな人たち。金儲けのうまい商人。果ては闇世界の実力者？　そんなゴシップ週刊誌みたいな認識しかないのだ。でもユダヤの歴史と文化を知らなければ、ヨーロッパもアメリカも理解できない。とくに東欧はそう。ロシアだって例外ではない。

ユダヤ人の言語はヘブライ語だけではない。イディッシュ語は主に東欧系ユダヤ人の言語である。現在、イスラエル、アメリカ、ロシアなどで使う人がいるが、その数はごく限られている。

イディッシュ語はゲルマン語派に属し、中世ドイツ語のいろんな方言をベースに、ヘブライ語やスラブ諸語が混ざってできたものである。教材用のテープを聴いてみると、とてもドイツ語に似ている。おはようが「グート・モルグン」というくらいにそっくり。ただし文字はヘブライ文字だから、不思議な気分だ。

大学院生時代、通訳のアルバイトで極東のビロビジャンという町を訪れた。ここはスターリン時代に建設された、旧ソ連のユダヤ人居住区の中心である。でもシベリアの東にあるこんな辺鄙《へんぴ》な所へユダヤ人が来たがるはずもなく、ユダヤ人口は今も少ない。

それでもイディッシュ語の出版物を探そうと、町の書店を歩き回ったら、一軒だけ特別コーナーを設けているところを見つけた。嬉しくなって、小説やら詩集やら、たくさん買い込んだけど、いまだに文字すら読めない。

13 インドネシア語

アジアは好きだけど、海洋文化に興味のないわたしにとって、インドネシア語は遠い言語である。正書法はあまりにも素直で、ラテン文字には何の付属記号もない。語が変化しないインドネシア語は、動詞も名詞も形容詞もクルクルと形を変えるヨーロッパ系言語と付き合っているわたしには、むしろ拍子抜けしてしまうのだ。

だが、どの言語にも複雑なところがある。降幡正志『インドネシア語のしくみ』（白水社）を読むと、語の並べ方がどんなに重要かということが分かる。なるほど、語順こそ命なわけか。

インドネシア語で有名な話が二つある。まず、複数を表すときにその語を二回繰り返すこと。オランが「人」なら、「人々」はオランオランとなるわけである。もっとも、これがすべてではもちろんない。

もう一つは一人称代名詞における包括形と除外形である。同じ「われわれ」でも、「キタ」といえば相手を含む「われわれ」つまり包括形であるのに対して、「カミ」は相手を含まない「われわれ」で、こちらは除外形なのである。後者は日本語だったら、相手を含まない「手前ども」というのがちょっと似ているが、ヨーロッパの言語にはない特徴だ。

それでも、インドネシア語はやさしいと思われてしまう。一生懸命に研究している人から見れば、気に食わないのではないだろうか。でも、せっかくだから、やさしいところを強調して広めちゃえばいいじゃん。「難しい」というレッテルを貼られた言語をやっている人間は、そんなことを考えてしまう。

意外なところで身近だったりもする。小学生のとき音楽の時間に習った「可愛いあの娘は誰のもの？」はインドネシアの歌だ。さきほどの『インドネシア語のしくみ』には歌詞も紹介されている。呪文のように「のーなまにしゃぱやんぷーにゃ」と歌っていたことが懐かしい。

こんなに魅力的なインドネシアとその言語なのに、津波などの自然災害や飛行機事故が、観光客や語学学習者を遠ざけてしまうとしたら、なんとも残念だ。言語人口一億人を超す世界有数のこの言語は、もっと注目されていいはずなのに。

14 ウイグル語

中国のように広大な国は、まったく趣の異なる地域も抱え込んでおり、それが懐の深さでもある。そういう奥深いところばかりを注目してしまうのが、わたしの性格。北京や上海よりも、新疆《しんきょう》ウイグル自治区のようなイスラム圏に惹《ひ》かれる。あのうまそうな羊の串焼きを食べながら、アラビア文字の看板が並ぶバザールを歩いてみたい。

ウイグル語はアラビア文字で書き表す。一時は漢字を使うこともあったらしいが、今では再びアラビア文字。右から左にしか書けないこの文字は、数式だったら不便なこともあるのではないかと想像するのだが、それでも頑固に使い続けている。一つの国にいろんな文字があるのは、豊かなこと。でも、為政者はふつうそう思っていない。

国境を越えると、旧ソ連地域にもウイグル語があって、こちらではキリル文字を使っている。といっても、ウズベク語やカザフ語のようなチュルク諸語とウイグル語の関係は、いくら本を読んでもよく摑《つか》めない。

いつも便利に使っている柴田武編『世界のことば小事典』(大修館書店)をパラパラ

眺めると、ウイグル語で「ありがとう」は「ラフメトゥ」で、それがウズベク語では「ラフマトゥ」、カザフ語では「ラフメット」あるいは「ラクメット」とある。ほほう、やっぱり似ているなと考えてしまいがちだが、これだけじゃ判断できない。同じスラブ系言語だって、ロシア語の「ありがとう」は「スパスィーバ」、チェコ語は「ヂェクユ」、クロアチア語は「フヴァーラ」で、まったく一致しないのである。

間違いなく分かるのは、中国と旧ソ連の国境を超えて、言語や文化を共有する人々が住んでいること。こういうところで国境を跨《また》ぐ旅をしたら、楽しいだろうなあ。

現代ウイグル語は、古代ウイグル語と直接には繋がっていない。シルクロードに夢を持つ人にはがっかりかもしれないが、わたしは構わない。

日本では『現代ウイグル語四週間』（大学書林）という入門書が出ている。入門書もずいぶん種類が増えたものだ。それを覗いて、現在の中央アジアに思いを馳《は》せたい。

15 ウェールズ語

イギリスの推理作家、エリス・ピーターズの「修道士カドフェル」シリーズは、中世イギリスの修道院を舞台に、主人公カドフェルが次々と起こる殺人事件を解決していく物語である。修道院内の権力闘争や歴史的事件を背景に、英国中世のムードが楽しめる連作のミステリーだ。このカドフェルが実はウェールズ出身で、作品中でもときどきウェールズ語を話す場面が出てくる。

ウェールズ語はケルト語派に属し、ブリテン島西部に分布しているのだが、一般に「イギリス＝英語」という思い込みがあって、うっかりすると無視してしまいそうになる。

書店でちょっと気をつけてみれば、ウェールズ語の入門書は意外とある。A. Wilkes & J. Shackell, *Welsh for Beginners* (Usborne) は、外国語学習絵本シリーズ中の一冊である。マンガ風の吹き出しにあるウェールズ語を眺めてみれば、英語と驚くほど違う。How are you ? が Sut wit ti ? で、それに対する答えが Yn dda.「元気です」だろうとは思うけど、いったい、どうやって発音するのか、見当もつかない。

そもそもウェールズ人のイメージは、黒髪で赤ら顔。そのうえ、気性が激しい。イングランド人から見れば、やはり異質に感じるのだろう。そういえば、有名なマザー・グースの中にも、Taffy was a Welshman, Taffy was a thief.（タフィーはウェールズ人、タフィーは泥棒）というのがあった。谷川俊太郎訳『マザー・グース2』（講談社文庫）の解説（平野敬一執筆）によれば、ウェールズの守護聖人の日に、かつてイングランド人はこの歌を歌って、ウェールズ人をからかったという。けっこうヒドい。

このような背景があるからこそ、カドフェルのようにウェールズ語が話せれば、心を開く人が現れ、それが事件解決への糸口となることが多いのだ。小説にはウェールズ独特の習慣も随所で紹介されているので、そういうところもおもしろい。

古くからの写本も少なくないところもウェールズ語の魅力だが、だからといって過去に生きる言語というのではない。ケルト系の言語はどれも消滅の危機に直面しているような印象を持つが、ウェールズ語だけは例外。今でも約五〇万人が日常生活で用い、社会的地域も含めて有力だという。英語化にさらされながらも、なかなかやるではないか。

がんばれ、ウェールズ語。

16 ウォロフ語

マリナ・ヤゲーロはフランスの言語学者である。彼女の著作である『言葉の国のアリス』(青柳悦子訳、夏目書房)や『間違いだらけの言語論』(伊藤晃・田辺保子訳、エディシヨン・フランセーズ)などは日本語でも読める。身近な話題をもとに言語の世界にアプローチしており、とくにフランス語を題材にすることが多いので、フランス語に興味のある人はぜひ読んでほしい。また、父親がリトアニア系ポーランド人、母親がロシア人のため、彼女の著作はロシア語やポーランド語といったスラブ諸語にも目を配っており、わたしは気に入っている。

だが、そのヤゲーロがアフリカのウォロフ語を身につけていることを知ったときは、不思議に思った。

ヤゲーロは一九八三年から八六年にかけて、セネガルのダカール大学に赴任し、フランス語を教えたのだが、その際に現地の言語にも興味を持ったようだ。この後一九九一年には『わたしはウォロフ語を学びます』(原題 *J'apprends le wolof*)という入門書を、共著で発表している。赴任先の言語を学んでこれをまとめるなんて、わたしにとって理想の言語学者だ。

さて、ウォロフ語である。日本ではほとんどなじみのないこの言語は、主に西アフリカのセネガルとガンビア、さらにはモーリタニアの一部で話される。ニジェール・コンゴ語族大西洋語派に属し、ということはわたしにとっても皆目見当がつかない。「こんにちは」がジャム・ンガ・ファナーンで、これは「夜を平安に過ごしましたか」という意味らしいが、まったくピンとこない。でも、すてきな発想だね。

ウォロフ語の使用人口は約三〇〇万人。母語話者の他に、商業用の共通語として話す人を含めると五〇〇万人から六〇〇万人というのだから、決して小さな言語ではない。方言がいくつかあって、セネガルの首都ダカールの方言はフランス語の、またガンビアでは英語の影響がそれぞれ強いという。

なんだかおもしろそうではないか。先に挙げた入門書が、ほしくてたまらなくなってきた。一般言語学の入門書を書き、フランス人向けに国語を説くヤゲーロは、外国語の入門書をどのようにまとめるのだろう。最近の版ではCDも付いているらしい。

ウォロフ語を追いながら、フランス語の復習というのもいいかもしれない。

17 ウクライナ語

まだ中学生のとき、東京で開催されたソビエト映画祭に行った。会場ではこのイベントにちなんで、ソ連グッズの展示即売会が開催されていたのだが、そこで色彩の美しい、民話をモチーフとした、でも文字の読めない絵本を記念に買った。この言語が読めるようになりたいなあという夢が、後にわたしをロシア語に向かわせることになる。

だが、この絵本はロシア語ではなく、ウクライナ語だった。

旧ソ連時代は、ロシア以外の諸共和国の物品が、いろいろと混ざっていたものだった。書店でも絵本などでは、ロシア語でないものだって珍しくなかった。

ウクライナ語はロシア語と同じキリル文字で書かれているが、iの文字があるところが特徴だ。わたしのようなウクライナ贔屓《びいき》には、このiがとてもかわいらしく見える。さらに上の点を二つにした文字ïもあって、これがあれば間違いなくウクライナ語だ。それさえ分かっていれば、ロシア語と間違えることはない。

それにしても、ロシア語とウクライナ語はよく似ている。だが、「似ている」と「分かる」は別である。なんとなく分かるけど、イマイチつかめない。この感覚が魅力となって、いつしかウクライナ語の虜《とりこ》となってしまった。さらに大学院博士課程になると、本格的にウクライナ語を学ぼうと決心した。

だが、ウクライナ語を学ぶ環境は、恵まれたものでは決してなかった。まず誰も教えてくれないから、独習になる。教科書を探すのだが、日本語で書かれたものが当時はなかった。それどころか、ウクライナで出版されたものさえ、手に入らない。さんざん苦労して、カナダで出たものをなんとか見つける。テープは知人から借りてそれを聴いた。辞書もウクライナ語―英語辞典、あるいはウクライナ語―ロシア語辞典を使った。それだって、手に入れるまで一苦労だったのである。

だが、こういうのもなかなか楽しい。英語のように教材があふれすぎているのも、考えようによっては不幸かもしれない。それに英語ほど広まってしまうと、たまたま買った一冊の絵本を、これほど魅力的に感じることも難しい。

18 ウズベク語

ウズベキスタンの首都タシケントに滞在していたときの話。とある地下鉄の駅で、友人と待ち合わせをしていたのだが、相手はなかなか現れない。仕方がないので新聞でも読んで時間を潰《つぶ》そうと、駅前のキオスクに立ち寄った。ウズベキスタンの新聞の名前なんてまったく知らないので、適当に買ってみたのだが、駅構内に入ってこれを広げた途端、失敗したことに気づく。

ウズベク語だったのである。

ロシア語と同じキリル文字の新聞だったので、うっかりしてしまった。ウズベク語もキリル文字を使っている。間違えてはいけなかったのだ。

悔しいので、読めないウズベク語をせめて眺めることにする。案の定、さっぱり分からない。ウズベク語はチュルク系言語で、トルコ語の親戚。ロシア語と同じスラブ系言語のウクライナ語やベラルーシ語のように、類推がつかない。

やっと友人と落ち合い、地下鉄に乗る。わたしは地下鉄が好き。嬉しくて車内をキヨロキョロ見回す。場所はタシケントでも、地下鉄の車両はモスクワと変わらない旧ソ連型。だが、車内放送が違う。当然ウズベク語なのである。

放送の内容は見当がつく。「ご注意ください。ドアが閉まります。次の駅は○○です」これはペテルブルグでもキエフでもミンスクでも、旧ソ連内ならどこでも同じ。だが、またしてもさっぱり分からない。不思議な気分。

ウズベク人の友人は「君だってウズベク語を知っているはずだ」という。そんなバカな。わたしがウズベク語について知っていることといえば、チュルク系言語なのに母音調和という母音のグループ分けがないとか、そういう言語学の知識に過ぎない。

だが友人は譲らない。「ロシア語のサマリョート（飛行機）は、ウズベク語で何というでしょう?」「だから知らないっつーの」「答えはサマリョート」「なんだ、同じじゃん」「そうなんだよ」

それから、友人は少し悲しそうな顔をした。

「ウズベク語の中には、ロシア語が多過ぎるんだ」

だがこれは一九九〇年代のこと。今のウズベク語はどうなっているのだろうか。

19　ウルドゥー語

たとえば東京外国語大学には二六言語の専攻課程があった（わたしが非常勤に行っていた頃の話。今ではもっと増えている）。それで、ここから先はわたしの勝手な想像なのだが、その中でも妙なことで苦労しているのは、ウルドゥー語専攻ではないかと思うのだ。

つまり、次のような質問を、どの言語よりも受けているのではなかろうか。

「それって、どこのことばですか？」

多くの人は「国家名＋語」で言語の名称ができると信じている。だからどんなにマイナー扱いされようが、カンボジア語はカンボジアの言語、ポーランド語はポーランドの言語だと理解できるはず。

だが、ウルドゥーという国はない。ウルドゥー語はパキスタン・イスラム共和国の言語である。もともとは「軍営」を意味するこの「ウルドゥー」の語源は、古いトルコ語に遡《さかのぼ》ることができるらしい。

ウルドゥー語は、隣国であるインドのヒンディー語と、非常に近い関係にある。両者は同じ文法構造と日常語彙を有しており、いわば「一つの言語のうちの二つのスタイル」に過ぎないらしい。実際に、英米で出版された教材の中には、この二つの言語を Hindi-Urdu として、一冊で扱う語学書もある。

以前に観たインド映画で、記憶を失った青年が、たどり着いたパキスタンの村で助けてもらい、次第に村人と仲良くなって、最後には村の有力者の娘と結婚する寸前まいって、実は宿敵インドのヒンドゥー教徒であることが分かるという、ロミオとジュリエットより面倒臭い悲劇があった。あれって、ことばの問題がなかったからこそ、成り立つ設定なんじゃなかろうか。

ウルドゥー語とヒンディー語でもっとも大きな違いはその文字である。ウルドゥー語はアラビア文字にいくつか加えたウルドゥー文字で、ヒンディー語はナーガリー文字で書き表す。これは一目瞭然。

ということは、映画の舞台となった村には、どこにも文字が書いてなかった。そういう設定としか考えられない。

20 英語

わたしにとって、今までもっとも英語を話していたのは、もしかしたらチェコの田舎町の学生寮かもしれない。ルームメートがアメリカの大学生だったのだ。

デイビッド君は非常に素直な性格だった。旧体制時代に造られた粗悪で狭いシャワー室をいつもビショビショにしてしまう彼は、「ねえ、どうしてリュウはシャワー室が上手に使えるの？」「ぼくは社会主義に慣れているから」。以来、彼はわたしを全面的に信頼するようになる。

アメリカの大学生はよく勉強するというが、これはデイビッド君もそうだった。日中のレッスンは当然だが、夕方、部屋に戻ってくると、必ず一定時間机に向かう。素直な彼は、よく質問してきた。作文の宿題も手伝ってやった。まだまだ初歩で、親族名と民族名くらいしか知らないのに、デイビッド君は果敢に挑戦する（以下、『 』内はチェコ語）。「『ぼくはアメリカ人です』」「あっているよ」「『わたしの父はドイツ人です』」「えっ、そうだったの？」「ううん、違うよ。でも、習った単語は使わなきゃ」「なるほど」「『わたしの母はスペイン人です』」「これも練習なんだね」「そう。『わたしの妹はアルバニア人です』」「ちょっと待て。ドイツ人の父親とスペイン人の母親の間に、アメリカ人の君はともかく、どうしてアルバニア人の妹ができるの？」「うーん、そうだね。その理由を考えなきゃ」。こんなくだらない話題を、二人で延々と英語で話していた。

あるとき、デイビッド君が絵本を読んでいた。何かと思えば「くまのプーさん」のチェコ語版。「もう読めるの？」「ううん、それはちょっと」。そのあとのセリフが忘れられない。It's too heavy. だからイラストを見て楽しんでいるのだという。プーさんがハチミツを食べ過ぎて、穴から抜けられなくなる挿絵を見ながら、声を上げて心の底から笑っている。ふと、プーさんも heavy だったんだろうなと思って、それも可笑《おか》しかった。

このような経験を通して、わたしの英語はだいぶ滑らかになった。英語ネイティブと生活を共にしたという些細《ささい》な経験が、自信へと繋がっていく。

デイビッド君のチェコ語も、日に日に上達していった。彼はその町に残って、英語教師になったはずだ。それにしても、シャワー室の使い方はうまくなったかな。

21 エスキモー語

「エスキモー」は蔑称で、「イヌイット」が正しいと信じている人がいる。だがイヌイットというのはカナダのエスキモーしか指さないので、グリーンランドからロシアのチュコト半島まで広がるこの民族を、このイヌイットだけで代表させるとしたら、それはそれで問題である。一方「ユピック」というのは、南西アラスカでの名称。どうも、この民族の総称は簡単に決まらないようだ。ある学者は、当人たちが「エスキモー」という名称にそれほど嫌悪感を抱いてもいないようだから、日本ではこれを使うのもやむをえないのではないかと提言する。わたしもこれに従う。

エスキモー語は、一つの言語というより、互いに通じない六つの言語の総称と考えたほうがいいらしい。古典的な類型論で考えると、エスキモー語は抱合語に属する。接頭辞や接尾辞のような要素がたくさん繋がっていくので、一つの語がやたらと長く見える。いや、正確には「語」ですらない。言語学で「単語」という用語を避けるのは、このエスキモー語のようにちっとも「単」ではなく、英語とも日本語とも違う構造の言語があることを考慮しているからだ。

手元になぜかエスキモー語の教科書がある。エスキモーの子どもが自分たちの言語を学ぶための教科書だ。奥付には一九九四年、ソビエト崩壊後のサンクト・ペテルブルグで出版されたとある。確か日本の専門書店を通して買ったと記憶する。挿絵はまだまだ社会主義っぽいが、こういうものを出せるようになったことが嬉しくて手に入れた。

旧ソ連内のエスキモー語なので、文字はキリル文字を使っている。だからといって分かるわけではもちろんない。でもテキストをじっと眺めていると、ときどきなんとなく理解できる語がある。ロシア語からの借用語だ。「文」「文字」「語」などの文法用語はもちろん、中には「リンゴ」などという語が、明らかにロシア語から入ったことが分かる。彼らの住むチュコト半島には、リンゴがないのだろうか。

奥付を見たら、発行部数はたったの二〇〇部！　わたしが買ったことでエスキモーの子どもに行き渡らなかったらどうしよう。そんないらぬ心配をしてしまうほど、ささやかな部数だ。だから大切に書棚に並べてある。

22 エストニア語

今ではもうなくなってしまったけれど、早稲田に洋書や語学書の多い古本屋がかつてあった。そこで大学生のときに『ソビエト・エストニア百科事典』というロシア語の本を見つけた。四五〇〇円という値段は当時のわたしにとって決して安くはなかったが、何回か通い続け、悩んだ末についに買ってしまった。

その頃はロシア語を一生懸命に勉強していたのだけれど、ロシア以外の諸共和国にも興味があり、とくにバルト三国のエストニア、ラトビア、リトアニアは憧れだった。もちろんそれぞれの国にそれぞれの言語があることは知っていて、中でもエストニア語は他の二言語、つまりラトビア語やリトアニア語と違って、フィン・ウゴル語派のフィンランド語に近いというのがさらにおもしろかった。当時のわたしは、できることならフィンランド語やエストニア語の専門家になりたいとまで思っていた。

でもその頃はエストニア語の教材を手に入れることが難しく、さらに音声付きとなると絶望的だった。タリンで出版された『エストニア語で話しましょう』という入門書を唯一手に入れたけれど、教師が教えることが前提の教科書なので、テキストはエストニア語のみ。これでは歯が立たない。だからイラストだけをときどき眺めていた。そのうち、たった一つ「テレ」というのが挨拶らしいことは分かったが、どこにアクセントがあるかは分からなかった。

あとは先ほどの百科事典を読んだ。ソビエト時代に出版されたものは偏向したものが多いといわれるが、どんな書物にもそれなりの真実がある。日本語や英語では情報が絶望的に入らなかった時代、こんなロシア語の百科事典でも充分に夢を見ることができた。

その後、エストニアには何度か出かけたのだが、いずれもソビエト時代で、しかもロシア語通訳という立場だったので、エストニア語どころではなかった。

あるとき、フィンランドの首都ヘルシンキからエストニアの首都タリンまで、フェリーで往復する計画を立てた。片道一時間半という近さで、日帰り旅行が充分可能なのである。だが予定の日が大嵐とぶつかり、欠航となってしまった。

タリンで「テレ」のどこにアクセントがあるのか、いつか確かめたい。

23 オランダ語

小学校の国語の時間。日本語に入った外来語について習えば、必ずオランダ語の話になる。アルコール、コーヒー、ゴム、ガラス、ペンキ、コップ、などなど。珍しいところでは、「博多どんたく」というお祭りの「どんたく」もオランダ語。Zondagは本来、日曜日のことだが、日本語に入って休日の意味が加わる。さらに土曜日を示す「半ドン」の「ドン」も同じ。半分休日だから土曜日なのである。

とにかく、ヨーロッパの小国の言語が、アジアの小国の言語にこんなにも影響を与えていることが、幼いわたしにとって、妙に気になっていた。だから大きくなったら、蘭学とか長崎の出島について、もっと知りたいと考えた。後に本を何冊か読んでみたのだが、残念ながら、おもしろいものにはいまだに一つも出合っていない。

オランダ語は現在の日本において、「過去の言語」となってしまった。専門的に勉強できる大学はない。あっ、一部の大学のインドネシア語学科では、歴史的関係からオランダ語も少し勉強するらしい。なんだか不思議な気分。

福沢諭吉だったか、あるとき横浜を訪れてみれば、英語の看板がいっぱいあって、これからは蘭学ではなく英学だと判断した話を、どこかで聞いたことがある。先見の明があることをいいたいのだろうが、わたしから見ると、日本人が役に立たなくなったものをいとも簡単に捨てる象徴に思える。

今の日本にはオランダ語の面影はないのか。長崎は最近になって昔の出島を整え、オランダ文化を受け入れた地であることを大切にするようになった。でも、言語はどうなんだろう。

そういえば、日本で暮らすチェコ人女性から聞いた話を思い出した。彼女は日本のどこに行っても、アメリカ人と間違われる。だからそれには慣れていたのだが、長崎に行ったとき、子どもから思わぬことをいわれたそうだ。「あっ、オランダ人だ！」

これには感動した。

24 カザフ語

中央アジアの人にいわせると、わたしはカザフ人に似ているらしい。とくにウズベク人がそういう。もちろん、カザフ人自身もそのような評価を下す。中央アジアの人々なんて、みんな同じアジアの顔ではないかと思ったら大間違い。彼らには彼らなりの区別が存在する。

カザフスタンに行ったことはないが、顔が似ているといわれれば、なんだか訪れてみたい気にもなる。それにしても、カザフスタンについて何も知らない自分に驚く。

さらにカザフ語は、キリル文字は使っているが、チュルク系なのでさっぱり分からない。

ロシア語で書かれたごく簡単な入門書を眺めてみた。『カザフ語を話しますか?』(アルマ・アタ、一九九二年)。はがきサイズの小さな本。たった一一二ページと薄っぺらいが、発行部数はなんと五〇万部。説明はロシア語で書かれているので、少し拾い読みしてみたのだが、それにしても語彙が違う。「ありがとう」は「ラクメット」で、この「ク」は喉の奥から搾り出すのがポイントらしい。やっぱり音を聴きたい。

さて、カザフ人はカザフスタンだけに住んでいるわけではない。旧ソ連内全域で広く、とくにシベリアは地理的に近いこともあって、町の青空市場などでカザフ人をよく見かける。そうそう、シベリアの人もわたしがカザフ人似だと口を揃える。ここまでくれば、自分の祖先がカザフ人だったことを確信してしまう。

だから大学生時代にロシア語の観光ガイドをしていたとき、イルクーツクから来たグループの中に亡き祖母とそっくりなカザフ人を見つけても、あまり驚かなかった。丸顔でふっくらしていて、色が白く目が細い。のんびりとした話し方まで似ている。自分の担当するグループではなかったのだが、なんとなく親しくなり、ついにはわたしの祖母に似ていることを打ち明けると、たいそう喜び、以来わたしのことを「孫よ」と呼んでくれた。

グループが帰国する前、このおばあちゃんにちょっとしたプレゼントを渡しながら、故郷では何をしているのと尋ねてみた。そうしたら大学教授だといわれて、ビックリした。

25 カシューブ語

カミさんが本を探すのを手伝って書棚を眺めていたら、関係のない本が目に留まった。KASZËBSCZË ABECADŁO、カシューブ語の子ども向けABC読本である。買ったまま読んでいなかった。ベッドに寝転がってページをめくる。

カシューブ語はポーランドの北部、かつてはワレサ率いる「連帯」で有名だったグダンスク市から西の地方で話されている。しかしこれが独立した言語なのか、それともポーランド語の方言なのかは、時代によって評価が異なる。『言語学大辞典』(三省堂)には「ポーランド語と大きく異なっているので、かつて独立の言語としてとり扱われたことがある。しかし、現在では、ポーランド語の方言とみなされ、独立の言語としてはとり扱わない」とある。ただしこの記述は一九八九年のもので、今では再び独立した言語と考えることが優勢となっている。

このKASZËBSCZË ABECADŁOが発行されたのは二〇〇三年のグダンスク。A4サイズぐらいで大きく、一六〇ページ以上、全ページカラー、紙の質が良いため重い。文字と発音の説明はないが、イラストがいっぱいでテキストも多い。たとえば七ページはこんな感じ。

― Na zdar!

― Witôjże! Dobri dzéń!

― Jô jem Remùs, a të?

分からない方には申し訳ないが、ポーランド語を知っていれば、いいたいことはだいたい想像できる。なるほど似ている。それにしても読みにくい。なぜか。

付属記号が多すぎるのである。たとえば三つめの文では、Jôのoの上にはフランス語でいうアクサン・シルコンフレクス（^）、Remùsのuにはアクサン・グラーブ（`）、そしてtëのeにはドイツ語のウムラウト記号（¨）がつくのだ。あまりに多くて、目が疲れる。細かい違いを示すためとはいえ、果たしてこれで実用になるのか。

とはいえ、綴りが違うからこそ別の言語と感じるのもまた事実である。本の捜索が終わったカミさんに、意見を聞いてみよう。

26　カタルーニャ語

田澤耕『カタルーニャ50のQ&A』（新潮選書）は本当におもしろい。一度図書館で借りて、後でもう一度読みたくなって探したのだが、すでに絶版。ネットの古本屋で見つけるまで、だいぶ探しまわった。

カタルーニャ語（あるいはカタロニア語）はスペインの言語である。これについて語るとき、どうしても避けて通れないのがカスティーリャ語。いわゆるスペイン語なのだが、カタルーニャ語だってスペインの言語には違いない。そこでこれらをはっきりと区別するために、スペイン語ではなくカスティーリャ語という名称を使う。カタルーニャ語とカタロニア語とカスティーリャ語とスペイン語。**言語名**（コラム03参照）はややこしい。

この本は、カタルーニャを紹介する前提となりそうなカスティーリャの知識がなくても、充分に楽しめる。五〇のQは言語に関するものが当然多いが、それ以外にも「カタルーニャ語はこんなことば」というコラムを設けている。ここではカタルーニャ語の具体的な例を挙げながら、カスティーリャ語やフランス語との相違点や共通点を解説する。

たとえばカタルーニャ語では、名前に冠詞がつく。ただマリアと呼ぶんじゃなくて、「ラ・マリア」。敬称をともなう名字にはカスティーリャ語でも冠詞がつくらしいが、名前にはつけず、つけたら下品な感じがするという。でもカタルーニャ語では親しみを表すのだ。

また、二人称の代名詞に親称と尊称の中間がある。親称ではなれなれし過ぎるけど、尊称ではよそよそしいというときには、なんとも便利だ。このように、近隣のロマンス系言語とは違う特徴がいろいろあって、言語学的にも興味深い。

カスティーリャ語とカタルーニャ語の関係は、ロシア語とウクライナ語のそれに似ている気がする。一方が圧倒的に有名で影響力があるが、もう一方だって文化や経済で決して引けを取らない。この本を真似て、ロシア語を通してウクライナ語を紹介するものがまとめられないか。そんなことを目論見《もくろみ》ながら、読み返している。

『カタルーニャ50のQ＆A』が出版された一九九二年は、バルセロナ・オリンピックの年。こんな魅力的な文化を持つカタルーニャなのに、イベントが過ぎるとすぐに忘れられてしまうのが残念だ。

言語学コラム 03 言語名

わたしがかつて学んだ大学の外国語学部には「イスパニア語学科」があった。ここで注意しなければならないのは、あくまでもイスパニア語であって、スペイン語でもなければ、カスティーリャ語でもないことである。間違えて《スペイン語学科》というと、イヤな顔をする先生さえいた。なにやらデリケートな問題らしいので、わたしは失敗することのないように常日頃から気をつけていた。

言語の名称にはさまざまな歴史的経緯がある。一般に使われている名称が、差別的な意味だったり、不正確だったりすることもある。そのため、関係者が別の名称を提唱していることもしばしば。これをチェックしていくのはなかなかタイヘンだ。

前の項の「カタルーニャ語」には、もう一つ「カタロニア語」という名称がある。「カタルーニャ」と「カタロニア」はどこが違うのだろうか。間違いがあってはいけないと思い、先ほどの『カタルーニャ50のQ&A』で調べてみると、

結論を先に言ってしまうと、どちらも正しいのです。「カタロニア」という言い方は、中世ラテン語の文献に現れている形をそのまま用いているものです。「カタルーニャ」は十三世紀頃、カタルーニャ語で文書が書かれ始めてから見られるようになっ

た形ですので、それよりも新しいわけです。現在、カタルーニャで使われる名称はCatalunyaですから原語に忠実に、という主義で行くならば「カタルーニャ」の方が良いでしょう。（二一〇ページ）

と、いたって穏やかな調子でホッとした。みんなが強烈に主張したいわけではない。もちろん単純に「国名＋語」でなんでもかんでも片づけてしまってはいけない。《インド語》とか《スイス語》は絶対にまずい。

だが、これが微妙なこともある。

たとえばエチオピア。アフロ・アジア語族について調べていたら、三省堂の『言語学大辞典』第二巻四六五ページに「エチオピア語（＝エチオピア・セム諸語）」とあったので、へえ、そういう使い方もあるのかと思ってある本で使ったら、すぐに「エチオピア語という言語はありません、アムハラ語です」という投書がきた。あわてて再び『言語学大辞典』で、今度はエチオピア語を引いてみれば、第一巻九三四ページに見出し語として上がり、「→ゲエズ語、アムハラ語」とある。投書した人がどうしてあそこまで自信を持って「エチオピア語はない」といい切れるのかはさっぱり分からないのだが、どうやらわたしはタイヘンな間違いを犯したらしいので、その本は版を重ねたときに訂正した。

もっと表面的な問題もある。たとえばベトナム語か、それともヴェトナム語か。ウに濁点を打ついわゆる「ウ濁」は、使うか使わないかを統一する必要がある。使うとすれば、これにともなってスロベニア語はスロヴェニア語となり、ほかにもスロヴァキア語、ラトヴィア語とすべてを訂正する。もちろん一般名詞もそうで、ビデオはヴィデオに、ベテランはヴェテランとなる。だが、テレビをテレヴィとする表記にはさすがに抵抗があり、こういうところが難しい。

また、最後が「ア」か「ヤ」かについても悩む。さすがに最近ではロシヤ語とかイタリヤ語という表記は見かけないが、それではギリシア語かギリシヤ語か、あるいは「ヤ」を小さくしてギリシャ語か、判断がつかない。ペルシア語、ペルシヤ語、ペルシャ語についても同じ。

物事の本質とはおよそかけ離れているように思われるかもしれないが、コンピュータで検索をかけるときに、これは非常に重要である。同じ言語が「ロシア語」「ロシヤ語」「露西亜語」「魯西亜語」「露語」と表記されると、探すときにはずいぶん苦労する。

「露」＝ロシアのように一つの漢字が一つの国名を示すことも、言語名に大きな影響を与える。「英語」は別の表記がないくらいに定着し、ほかにも仏語、独語、伊語などはよく目にする。なによりも辞典のタイトルは、仏和辞典、和独辞典など、この漢字が欠かせない。だが、あまりポピュラーではない漢字表記もあって、「葡」＝ポルトガル、

「洪」＝ハンガリー、「瑞」＝スウェーデンなどは知らない人もいる。羅和辞典がラテン
語を日本語で説明した辞典であることは、誰もがすぐに理解できるとは限らない。
こうして、アイウエオ順で世界のことばを考えたら、表記の問題が避けて通れないこ
とに気づいたのである。書き表し方が違えば順番が違ってしまう。なにかにつけて、判
断を迫られることが多かった。

だが、表記にばかり注目して、本質を見誤ってはいけない。朝鮮語か、それとも韓国
語か。大切なのは名称にこだわっていないで、その言語を学ぶことではないか。

ある外国語大学の「朝鮮語学科」に学ぶ学生は、仲間内では自分たちの専攻語を「コ
リア語」と呼んでいることを教えてくれた。世間のイデオロギーの犠牲になっているよ
うな気さえする。めげずに勉強してほしい。

27 広東語

中国の言語事情は難しくてよく摑《つか》めない。北京の言語をもとに創られた標準中国語が、幅広く使われていることは知っている。一方でさまざまな方言があって、通訳がいなければ通じないほど違っているとも聞く。

では広東語は別言語なのか、それとも方言なのか。

言語学辞典で調べてみると、広東語は広東省広州市および香港を中心に話される「標準的口語」とある。しかも口語なのに、文字表記もある。中国語共通の漢字を使って音を表し、そのため口語との差は大きいらしい。さらには、広東語による文学の伝統もある。

広東語のすごいところは声調だ。声調とは、意味の区別に用いられる声の上げ下げのことで、中国語では四種類、タイ語では五種類ある。それが広東語では、なんと九種類もあるのだ。ただしそれは音声的なレベル、つまり実際の声の上げ下げパターンは九種類ということで、それに対して音韻的レベル、つまり他の語と区別をするためには六種類しかないらしい。いずれにせよ、声調言語の中では種類の多いほうだろう。

日本の書店には広東語の語学書がたくさん出ている。「香港に行くんだったら広東語」というわけで、会話集がとくに多い。外国語に対する認識が浅いため、かえってこういう素直な結論になる。ある種、喜ばしいことだ。

先日、神保町の古書店で中嶋幹起『広東語四週間』（大学書林）があまりにも安く売られていたので、さっそく買い求めた。そのとき古本屋のおやじが「この値段で広東語が身につきゃ世話ないよね」といった。何いってやがる、アンタがあまりにもひどい値段をつけたので、本がかわいそうだから買うんだぞ。広東語の教材としては先駆的な存在であるこの本に、敬意を払いたいのである。

それにしても、広州市や香港では、広東語だけでいいのだろうか。中国語が分からなくても困らないのだろうか。そういえばこれだけ中国語が注目されて、大学に「中国語学科」はたくさん設置されても、「広東語学科」というのを聞いたことがないのはどうしてなのか。

漢字を共通として繋がる中国の言語世界。そこには世界でもユニークな言語事情があると睨《にら》んでいる。

28 カンボジア語

いつも持ち歩いている鍵の束に、カンボジア文字をデザインしたキーホルダーがついている。ココナツの殻でできているこのキーホルダーは、細長くて、上が少しだけ曲がっていて、下はクルンと巻いている。なんとも説明しづらい形なのだが、これがわたしのイニシャルであるRの音を示しているらしい。

このキーホルダーは東京外国語大学のカンボジア語の先生からプレゼントされたものである。さるきっかけから、カンボジア語専攻の学生さんに、年に一度だけ講演をするようになって、これはそのお礼にもらったのだ。

「小さな」言語を専攻する大学生。一八歳くらいの日本人が、カンボジア語を専攻しようと決意するときには、あらかじめどれくらいの知識があるのだろうか。

学生さんたちに尋ねてみると、ほとんど何も知らなかったという答えが多い。それがふつうかもしれない。中には、独特なカンボジア文字で書き表すことすら、入学後に知ってビックリしたという人もいる。これにはこっちのほうがビックリ。それでも、だんだんにカンボジア語ができるようになる。

そんな彼らを相手に、エラそうに講演をしているわたしだが、ではカンボジア語に関する知識はというと、これが何もない。概説書を読んで得た情報は、独特な文字を使用していること、声調という意味の区別に使う声の上げ下げがないこと、語順が大切であることくらい。

カンボジア語の教材CDを探し出し、目を閉じて耳を傾けた。声調はなくても、独特のメロディーを感じる。「クニョム」という音が耳に残り、あとでテキストを見たら「わたし」という意味だった。わたしが知っている唯一のカンボジア語である。

カンボジア語は知らなくても、カンボジア語を勉強する若い人たちにエールを送りたい。そう考えて、講演に出かけることにした。カンボジア語を学ぶのはカッコいい。外国語をやるのはいいことなんだ。わたしはそう信じている。でも大多数の人は、どうでもいいことだと思っている。そこがつらい。

負けちゃダメだ。わたしはいつでも、カンボジア文字のキーホルダーをポケットに入れて、「小さな」言語を学ぶ人を応援するために、今日も外国語の話を書いている。

29　ギリシア語

現代語と古典語があったら、現代語から学ぶのが一般的なはずだが、ギリシア語だけは例外かも知れない。古典ギリシア語を学ぶ大学生や高校生は、世界中でたくさんいるけど、現代ギリシア語を学ぶ人の数は限られる。ギリシア本国に約八七〇万人、さらにキプロスなどに一〇〇万人の話者がいるにもかかわらず、である。

トロイ遺跡を発掘した考古学者シュリーマンも、著書『古代への情熱』の中で、古典ギリシア語を学びはじめる前に、現代ギリシア語を少しは学んだほうがよいと書いている。

ところがわたし自身、現代ギリシア語は少しだけ勉強したものの、すべて忘れてしまっているという有様。それよりも大学時代に授業で習った古い時代のギリシア語のほうがまだ記憶している。

古い時代といってもいわゆる古典期ではなく、コイネーといわれる聖書のギリシア語である。キリスト教系大学で学んでいたので、神学部の授業にノコノコ出かけ、初等文法を教わりながら、新約聖書の一部を読み解いていった。

このクラスには、第一回目に二〇人以上の受講者が集まったが、これが見る見るうちに減っていき、最後には五人のみ、わたしを含めて外国語学部と文学部の学生しか残らなかった。神学部生よ、神への愛とギリシア語の習得は別なのか。

古典語の授業というものは、予習に多大な時間をとられる。授業前日の図書館で、クラスメートたちを見かけることが多くなった。その結果、自然と仲良くなる。

先生は非常に真面目な方で、クリスマス前日まで授業をやると宣言していた。そこで受講生五人が結託して「せっかくですから、クリスマスパーティーにしましょう」と提案したら、先生はちょっと考えて、ではその日だけ研究室に集まってくださいといわれた。

当日、何が起こるかワクワクしながら研究室を訪れた。先生は全員が揃ったことを確認すると、静かにプリントを配った。「ルカ伝」よりキリスト誕生の場面、テキストはもちろんギリシア語。「では、順番に音読してください。黒田君から」

おかげでずいぶん力がついた。今でも覚えているフレーズはフートス・エスティーン・ホ・ロゴス・トゥー・テウー「これは神の言葉である」。これをアテネでいったら、ドン引きだろう。

30 キリバス語

古本屋には、本当にいろいろな古書が並ぶ。

先日も店先に並べられた特価本を眺めていたら、文庫本に混じって函入りの見慣れぬ小型本がある。函には何も書いてない。不思議に思って取り出してみれば、『キリバス語・日本語辞典』。まさか語学書とは思わなかった。

装幀も不思議だが、この『辞典』はその中身も不思議である。辞書にはふつう、巻頭に使い方や文字と発音の説明などがあるものだが、それが一切ない。それどころかまえがきも、あとがきも、ISBNもない。情報を伝えてくれるのは奥付だけで、そこには編者の名前のほか、発行者が某県の鰹漁協で、発行が平成十年（一九九八年）であることを伝えるのみ。想像するに、キリバスへ遠洋漁業に出かける日本人船員向けに編まれたものではないか。

なんだか気になってきたので、購入を決める。店先の投げ売りのはずなのに、消費税込みで七五六円をしっかり払わされた。エッセイを書いて、もとを取らねば。

家に帰ってページをあちこち捲《めく》るのだが、とにかく単語の羅列でしかない。ローマ字綴りのキリバス語と、そのカタカナ表記、さらに和訳。一ページは二五行で、全二〇五ページだから、収録語彙数はざっと五〇〇〇語。なかなかの規模だ。気ままに眺めるうちに、同じ綴りと発音の単語が並ぶことに気づく。「アンガ」が「肩」「道、方法、流行、方向」「与える、上げる、手渡す」とあって、その幅広さに驚く。

これだけではキリバス語についてさっぱり分からないので、自ら調べてみる。キリバス語（ギルバート語ともいう）はキリバス共和国の言語である。地球温暖化による海面上昇のため、海に沈んでしまうことが懸念される諸島として知られる国だ。

キリバス語の系統はオーストロネシア語族。音素は母音が五つ、子音が十だから、同音異義語が生まれるのも分かる気がする。この地域の言語にしては珍しく、特定性を示す冠詞「テ」があるという。そこで『辞典』を引いてみれば「その、一つの」という訳語。ちょっと違うんじゃないか。

とはいえ、これは現場のために生まれた辞典のはず。『辞典』はいったいどのように使うものなのか、残念ながらわたしには想像がつかない。それは前の持ち主も同じだったらしく、青いビニール装に金文字の『辞典』は、使った跡がまったくなかった。

31 キルギス語

ソ連崩壊直前の一九九〇年前後、諸共和国はどこも独立気運が高まり、独自性を謳《うた》うようになった。中でもキルギスは面倒な国。その国名もソ連時代はキルギス・ソビエト社会主義共和国だったものが、一九九〇年一〇月二六日にはキルギス社会主義共和国、同年一二月一二日には主権宣言を採択してキルギスタン共和国、さらに九三年五月の憲法改正でキルギス共和国と、目まぐるしく変わっていったのである。

ロシア語ではこの国のことを「キルギーズィア」という。だが一時期は「クィルグィスタン」と発音すべきだということがあった。キリル文字ЫIで表す中舌母音を使い、「キ」ではなくて「クィ」、「ギ」ではなくて「グィ」というように発音をせよ、というのである。

ロシア語話者にとって、これは奇妙なことだった。ロシア語の正書法では、kやgの後にこの中舌母音を綴ってはいけない。そういう音の組み合わせもふつうはない。それが突然に登場したのである。ロシア人にこの共和国のことをどう呼ぶのと尋ねたら「クィルグィスタンなんて呼べないな。やっぱりキルギスタンだ」といっていた。

だが、いくらキリル文字を共有しているからといって、キルギス語は別の言語。違う音があるほうが当たり前である。

キルギス語はキリル文字以外で書かれることもある。中国の新疆《しんきょう》ウイグル自治区で使われるキルギス語は、アラビア文字を用いている。旧ソ連のキルギス語も、かつてはアラビア文字やラテン文字で表記した時代があった。

それにしても、キルギス語のイメージが湧かない。中央アジアのチュルク諸語について、わたしの知識は貧弱である。この国についてだって、首都の名称がフルンゼからビシケクに変わったのを、辛うじて覚えているくらい。だいたい、ロシア語教師で中央アジア諸国の首都名を正確にいえる人のほうが、少ない気がする。昔から違う言語圏と考えたほうがいいのかもしれない。

それでも、旧ソ連の言語には親しみを感じてしまう。これはわたしの勝手な気持ち。

32 グルジア語

旧ソ連のワインといったら、赤ならムクザニ、白ならツィナンダリ。どちらもロシアではなく、グルジア産である。東京の麻布十番にこれらを売っている店を見つけ、以来、とくに好きなツィナンダリを買いにときどき出かける。

ラベルにはラテン文字とキリル文字、さらにグルジア文字で、唐草模様のような形が九文字並ぶ。もちろんまったく読めない。だが、ラテン文字と対応させれば、TS—I—N—A—N—D—A—L—Iとなるはずだと推理できる。そう仮定して、グルジア文字の形を比べてみれば、二番目と九番目、三番目と五番目、四番目と七番目が同じではないか。ということは、順番にI、N、Aを表すのであろう。シャーロック・ホームズの「踊る人形」みたいな推理である。

グルジア文字は、大文字と小文字の区別のない、分かりやすくて美しい文字である。

旧ソ連時代のグルジア映画「ピロスマニ」の中で、主人公である画家のピロスマニが貧困に喘《あえ》ぎながら、生活のために商店の看板を一つ一つ描くところがあるのだが、それがグルジア文字だったことが、妙に記憶に残っている。

グルジア語では、文字よりはるかに手ごわいのが文法だ。とくに能格構造が有名で、この説明はタイヘン。自動詞文、つまり目的語を必要としない文の主語の形と、他動詞文、つまり目的語を必要とする文の目的語の形が同じになり、他動詞文の主語が能格というまた別の格になるのだが、こんな説明、さっぱり分からないだろう。エッセイじゃ無理。他にも動詞の変化形の中に主語と目的語の人称を示すようなものがくっついたり、とにかく変化の面倒そうな言語である。

だが習得不可能な言語はない。チェコで出版された『グルジア語の基礎』というチェコ語で書かれた入門書のまえがきを読んだら、ずいぶん複雑そうに見えるグルジア語でも、ちゃんと覚えられるとあった。その証拠に「グルジア人といっても、わたしたちより頭が大きいわけではありません」というのがおもしろい。これについては千野栄一先生の『外国語上達法』（岩波新書）にも引用されているのだが、わたしもこの一文が好きで、そのためにこの入門書を買ってしまった。

最近、国名がグルジアからジョージアに変わった。ということは、言語もジョージア語？

33 クロアチア語

わたしの外国語学習歴の中で、いちばん微妙な位置にあるのがクロアチア語である。学生時代、せっせと学習していたのはセルビア語だった。この言語を学ぶためにわたしが通った講座名もそうだったし、講師の先生もセルビア人だった。だが教科書は『外国人のためのセルビア・クロアチア語』(英文)。この関係は非常に分かりにくい。旧ユーゴ時代、セルビア・クロアチア語は一つの言語だった。かつては《セルボ・クロアート語》というように英語で呼ばれていたが、この名称はなんだか気に入らない。とにかく、そのセルビア・クロアチア語のバリエーションが、セルビア語であり、クロアチア語であったのだ。したがって、クロアチア語も学んだといえば、いえなくもない。

二〇〇〇年以降でも、クロアチアに数回出かけた。クロアチアはヨーロッパで有数のリゾート地を抱える国であり、最近は日本でも観光ガイドブックが出版されはじめている。そこに出かければ、わたしはクロアチア語を使っている。それほど流暢《りゅうちょう》でもないが、旅行者としては不自由ないくらいには通じる。ありがたい。

クロアチア語とセルビア語の違いは、主に三つである。

一つは対応する音が違うこと。ミルクという語が、セルビア語で「ムレーコ」のところクロアチア語では「ムリェーコ」となる。ちょっとの違いに見えるが、発音してみるとなんとなく違和感がある。

もう一つは語彙。同じ「パン」でも、セルビア語は「フレブ」で、クロアチア語が「クルフ」。こういう違いがたくさんあって、現地では専門の辞書まで出ているくらいだ。外国人学習者としても、マメにチェックする必要がある。

三つ目は文法。細かいことだが、たとえば「できる」「したい」などを動詞と結び付けるとき、セルビア語は da ＋人称変化形なのに対し、クロアチア語は不定形になる。これが咄嗟《とっさ》に出ない。セルビア人の先生にしっかり訓練されたので、つい da... といってしまい、気づいたときにはもう遅い。ああ、わたしのクロアチア語はやっぱりダメだなあと、毎日のように落ち込む。

もっとも、それをいちいち気にするクロアチア人なんて、めったにいないけどね。

34　コサ語

いつの間にやら、コサ語の宣伝マンになってしまった。

きっかけは言語学の授業。音声学に関する話のついでに、舌を「チャッ」と打つ吸着音や、喉の奥で空気を止めてから「ポコン」と出す放出音を聞かせたいと思い、『世界ことばの旅――地球上80言語カタログ（CDブック）』（研究社）をチェックしながら探してみた。すると、南アフリカ共和国で話されているコサ語という言語には、ちょうど両方の音があることが分かり、しかも見事な「ポコン」という響きがおもしろかったので、これを使ってみることにしたのである。

そうしたら、授業のあとにこれをもう一度聞きたいという学生が続出して、これは嬉しい驚きだった。さらには同僚の英語教師までが、「ねえ、コサ語を聞かせてよ」とわたしの研究室に寄るようになる。そして「いやー、すごい言語もあるものだよなあ、それに比べれば英語なんて……」という感想を毎回のように漏らしては、ため息をつきながら帰って行く。ため息をつくことはないじゃないか。確かにこんな音が出せるようになるまでには、時間もかかるだろうけど。

それ以来、音声学に言及するときには必ずコサ語を聞かせ、そのことを本に書いたりもしてきたのである。

それからしばらくして、Teach Yourselfという外国語独習教材シリーズに、コサ語が入った（*Xhosa*, Teach Yourself Books）。もちろん音声教材をさっそく買い求めた。これには吸着音たっぷりの歌まで録音されていて、こちらも講演会などで使っている。

音ばかりに注目してしまったが、コサ語は名詞のクラス、つまり文法グループが一三あるいは一五もある。クラスというのは、変化のための分類パターンだ。たとえばドイツ語の名詞だったら、男性、女性、中性の三パターンに分けられるが、そういうのが一三も一五もあるなんて、さすがは名詞の区別が多いことで有名なバントゥー諸語である。

言語学で大切なことは、広い視野から言語を眺めること。日本語と英語が中心で、後はせいぜい欧米やアジアの言語が二つか三つ、それだけで世界を推し量るのは、はじめから間違っている。そういうときにコサ語を聞くとよい。言語に対して謙虚になれる。

35 サーミ語

映画「ククーシュカ」の舞台は、第二次世界大戦末期のラップランド。戦争を拒否して、仲間から鎖に繋がれたまま置き去りにされたフィンランド人兵士。密告により裏切り者扱いされ、護送される途中で爆撃に遭って負傷したロシア人将校。その二人をサーミ人女性が救い、彼女の小屋で共同生活を始めることから、奇妙な人間関係が展開する。

この映画でテーマとなるのは、言語コミュニケーションがとれないことによる齟齬《そご》。つまりフィンランド語、ロシア語、サーミ語はお互いにまったく通じない。通じないから生じる誤解と愛情が、複雑に交差していく。

ロシア語はともかく、フィンランド語とサーミ語はともにウラル語族なので、お互いに少しは分かってもいいのではないかと想像する。だが調べてみれば、この二言語間で通じることはないと、わざわざ書いてあった。言語系統論だけを頼りに通じるはずだと信じるのは、やはり危険である。

現在、サーミの地はフィンランドだけでなく、ノルウェー、スウェーデン、さらにロシアの一部に広がる。北欧諸国ではサーミ人たちの権利が拡張され、フィンランドではサーミ語が公用語として認められている。すべての国で合計しても、サーミ語人口は数万人しかいない。そういう小さな言語をきちんと守っていくというのは、口でいうほどやさしいことではないだろう。

サーミ語が抱えるさらなる問題は、その小さなサーミ語間の方言差が激しいうえに、四つの国家に分断されていることである。それでも、たとえば国営ラジオによるサーミ語基礎講座の教材が、北欧三国共同で開発されているという。そういえば、ヘルシンキの書店でもサーミ語の教材を見たような気がする。買っておけばよかった。

日本でもサーミ語の文法書はある。吉田欣吾『サーミ語の基礎』（大学書林）。最近はいろいろな語学書が充実してきて、本当にすばらしい。

小さな言語を守るためにはお金がかかる。時間もかかる。さらには多くの人の理解も必要だ。自分の財布の痛まないことを前提にして、いいたい放題な今どきの世論では、とてもやっていけない。

36 サンスクリット語

この言語は「サンスクリット」のように「語」をつけない表記も見かける。そもそもサンスクリットというのは「完成された言語」「純正なる言語」という意味。梵語《ぼんご》ともいうが、これはインドのブラフマンすなわち梵天《ぼんてん》が造った言語であるという伝説に由来するそうだ。でも「語」をつけてはいけない決定的な理由はよく分からない。もしかしたらいくぶん不正確かもしれないが、ここではサンスクリット語に統一する。

さて、サンスクリット語は二つの意味で重要な言語である。

まず仏教の言語として。墓石の後ろに立てられた卒塔婆《そとば》にもあるように、サンスクリット語はお寺と深い関係がある。日本の大学でも仏教学があるところでは、サンスクリット語を教えている。

もう一つは言語学の言語として。比較言語学のきっかけを作ったウイリアム・ジョーンズは、インドに赴任してサンスクリット語に出合う。彼が偉かったのは、サンスクリット語とギリシア語・ラテン語を直接的に結び付けず、「失われた言語から分かれた」と考えたところ。おかげでサンスクリット語は、インド・ヨーロッパ諸語を研究するうえで不可欠の言語となった。わたしにとっては、こちらがとくに大切。

サンスクリット語はナーガリー文字で書き表す。考えてみれば、インド・ヨーロッパ比較言語学を本格的に学ぶためには、いろいろな文字を知る必要がある。ときどきラテン文字に転写して説明したサンスクリット語文法があって、そういうのを眺めているとやっぱり他のインド・ヨーロッパ諸語に似ていると感じる。でも本当は、ナーガリー文字で読むべきであり、こういう無精なことではダメなんだよなあ。

そうはいっても、サンスクリット語は本来インドの言語であることを思い出さなければならない。多言語国家インドでは、公用語の一つにもなっている。あれ、サンスクリット語って古典語じゃないの、と疑問に思う方へ。わたしだってそう考えていた。でも統計によると、現代でも三〇〇〇人近くのインド人がこの言語を「日常家庭で使う言語」としているというのである！

いったいどんな日常、あるいは家庭なのだろうか。

37 ジャワ語

さあ、困った。本格的に何も知らない言語がテーマとなってしまった。ジャワといわれても、頭に浮かぶのはカレーぐらい。ジャワカレーという語結合をはじめて耳にしたときは、子どもながらにかなりのインパクトを感じた。でも、これではジャワ語の話に繋がらない。

英語でジャワ語のことをJavaneseという。これは日本語Japaneseと非常に似ていて紛らわしい。だが、ジャワ語はオーストロネシア語族で、インドネシア語と近く、日本語とは関係ない。

うーん、さて、この先どうやって続けようか。

そうだ、言語学の概説書で、ジャワ語は敬語法が発達しているというのを読んだことがあったっけ。調べてみるとその通りで、文体には普通体、丁寧体、その中間体があることが分かった。さらに語彙はこの三つ以外にも尊敬語や謙譲語があるそうだ。日本語の特徴として敬語を挙げる人がいるが、上には上があるんだなあ。

ジャワ語は決して少数言語ではない。**言語人口**（コラム06参照）は約七〇〇〇万人。ロシア語以外のスラブ諸語の言語人口と比べても、圧倒的に多いではないか。

さらに、独自文字がある。カウィ文字といい、『ラーマーヤナ』や『マハーバーラタ』といった、岩波文庫に入るぐらい有名なインドの叙事詩が、古ジャワ語に翻案され、そのときに南インド系のこのカウィ文字で書かれたとある。今ではラテン文字化が進んで、このすてきな文字の使用は極端に減ったそうだ。それでも、スラブのグラゴール文字が完全に滅びたのと比べたら、たとえ減っても使っているのだから充分にすごい。カウィ文字の新聞とかはないのだろうか。

これだけすごいジャワ語が、どうしてインドネシアの公用語になれなかったかについては、先ほどの敬語法を挙げる研究者がいる。一つの意味に対して文体的に違う語彙が豊富なのは、多民族国家の共通語としては面倒なのだと指摘される。若い世代のジャワ語離れも、実際に進んでいるという。

敬語法ばかりを強調すると、若い世代からそっぽを向かれる。なるほど。年寄りが空威張りするための武器として、敬語を振りかざすのはどこの言語でも卑怯だよね。

38 上海語

「あれ、先生、上海語の勉強をはじめるんですか?」

わたしの仕事場を訪れたミウンさんは、書棚に上海語の入門書を見つけると、おもしろそうに笑った。標準中国語もできないのに、どういう風の吹き回しなんです、といった表情だ。

いやいや、資料として何でも買っておくんですよ。

「そうなんですか。じゃあその入門書、ちょっと見せてください」

上海出身の彼女は日本の大学で日本語を専攻し、数年前に日本に帰化している。その日本語は母語と見紛うばかりの流暢《りゅうちょう》さ。乾杯のことばを述べる彼女の中国語を聴いて、てっきり外国語として身につけたと勘違いする日本人がいても不思議はない。

だが彼女の読み上げる『ニューエクスプレス上海語』(白水社)のテキストは、やはり中国語とは違う響きだった。

「なるほど。入門書ではこうやって書き表すんですね」

上海語は中国語の方言のひとつ。二〇〇〇万人を超える話者人口がいても、書きことばとしてはネイティブである彼女にさえ、馴染みがないものらしい。

だが上海語は話しことばだけというわけでもないようで、標準語ではお目にかからない漢字があるというし、単語によっては「文語音」と「口語音」の違いがあって、たとえば同じ「人」でも、「人民」では「ゼン」と読むのに、「小人」では「ニン」という発音になるという。普通話も知らないわたしには、想像もつかない。

「先生、このローマ字は何ですか」

上海語のテキストには、漢字に加えてカナ表記と、さらにはローマ字表記が添えられていた。さあ、きっとピンインなんじゃないのかな。

「でもわたし、こんなローマ字見たことありませんよ」

ミウンさんは、漢字とローマ字をじっと見つめながら考え込んでいる。後で確認したのだが、そのローマ字は入門書用に著者が考案したものだった。そのしくみは説明を読まなければ、たとえ上海人でも分からない。

「わたしには日本語のカナのほうが分かりますね」

彼女はカナを頼りに、楽しそうに発音した。上海人が日本語のカナ表記を見ながら自らのことばを確認する。なんとも不思議な光景だった。

39 シンハラ語

インドの南に浮かぶセイロン島。ここはスリランカという国である。現在の首都はスリジャヤワルダナプラコッテと、恐ろしく長い名称を持つ。そしてこのスリランカの公用語が、シンハラ語である。《スリジャヤワルダナプラコッテ語》じゃなくてよかった。

このシンハラ語についても、やっぱり何も知らない。知識の不足を埋めるため、再び概説書を読む。

本来、シンハラ語は丸みをおびたシンハラ文字を使って書き表す。だが、概説書ではわたしのようにシンハラ文字が読めない読者のために、ラテン文字に転写してある。こういうときは、まず数詞を見る。

エカ、デカ、トゥナ、ハタラ、パハ……。これはどう見てもインド・ヨーロッパ語族っぽいではないか。ちなみに、インド・ヨーロッパ語族の中でも古形を保持しているといわれるリトアニア語では、ヴィエナス、ドゥ、トゥリス、ケトゥリ、ペンキである。そりゃ、そっくりではないけれど、言語学の時間に習ったさまざまな音変化を思い出せば、やっぱり似ている気がする。

シンハラ語の系統については、実は諸説があるらしい。南インド諸言語との関連、ドラビダ語族説、さらにスリランカ固有言語説まであるが、一応はインド・ヨーロッパ語族説が有力だとのこと。いやー、まったく知らなかった。

シンハラ語は膠着語《こうちゃくご》、つまり語尾に文法要素をつぎつぎとくっつけていく言語の仲間に、分類されているらしい。インド・ヨーロッパ語族も東のほうへ行くと膠着語的な性格が強くなることは聞いていた。ところが同じ解説の中には、名詞や代名詞の格変化も特徴として挙がっている。格変化？　それって屈折語の特徴じゃないのかな。

おそらくいろんな要素が混ざっていて、それをどう捉《とら》えるのかが難しいから、系統にしても諸説あるのだろう。さきほどの数詞にしたって、それが系統の決め手になるかは怪しい。だって、日本語も「イチ、ニ、サン、シ…」だけで判断したら、中国語と同系統になってしまう。

スリランカはシンハラ語と並んでタミル語も公用語としている。日本語系統論に波紋を投げかけるこの言語については、別の項目で。

40　スウェーデン語

スウェーデンにはとくによいイメージを持っている。これは幼い頃、スウェーデンの児童文学を愛読していたことに、原因があるのかもしれない。お気に入りはアストリッド・リンドグレーンの作品で、日本では『長くつ下のピッピ』で有名だが、わたしは『やねの上のカールソン』が好きだ。物語もおもしろいが、旧ソ連・東欧圏で人気のあるところが、とくに注目する理由でもある。インターネットを通して海外の古本屋から、この作品のスウェーデン語原書を買った。原題は「リッレブルール・オ・カールソン・ポ・ターケット（リッレブルールとやねの上のカールソン）」。スウェーデン語で綴るとLillebror och Karlsson på taketとなる。aの上の小さな○のついたåが、とてもかわいらしく見える。もっともこの文字は、スウェーデン語だけじゃなくて、デンマーク語やノルウェー語でも使うのだが。

さてこの原書、わたしはスウェーデン語が分からないのだが、とにかく「読む」。ストーリーは知っているのだから、なんとなく分かるのではと期待する。俗にノルド諸語はドイツ語に似ているから見当がつくといわれるが、それはドイツ語がよくできる人に限られるらしく、わたし程度では歯が立たない。それでも眺めているだけで楽しい。

横山民司・山崎陽子『標準スウェーデン会話』（白水社）は、同じシリーズでロシア語やポーランド語に親しんだわたしにとって、とても親しみやすい。とくに、はじめの文法概説は、全体を摑むのに向いている。そこで、ここを拾い読みする。

スウェーデン語でおもしろいのは両性名詞である。これは、男性名詞と女性名詞の区別がなくなってしまった結果として生まれた、新しいカテゴリーだ。さらに限定性、つまり英語だったらtheに当たる「その」を示すときには、性と数によって接尾辞を用いるという。なんだ、ドイツ語とだいぶ違うじゃん。

それでもスウェーデン語の語彙はドイツ語に似ている。読解では語彙がものをいう。ということはわたしには不利。自分がドイツ語のできないことを嘆きつつ、だったらいっそのこと、スウェーデン語のほうが堪能《たんのう》になってやるんだと、心に誓うこと毎年。とはいえ、実現は遥《はる》かに遠い。

41 スペイン語

世間からはいろんな言語に手を出していると信じられているので、わたしがスペイン語は勉強したことがないというと、意外だという反応が返ってくる。だが言語の学習は時間がかかるものであり、そうそうあちこちに首を突っ込んではいられない。

とはいえ、世界有数の言語人口を有するこの言語を、素通りするのは確かによくない。そこでアメリカの子ども向けに作られたEnglish-Spanish Dictionaryを毎日少しずつ写して、スペイン語に親しむことにした。

はじめはイタリア語やフランス語の知識で見当がつくだろうと、高《たか》をくっていた。ところがそうでもない。動詞の活用などでは似ているところもあったが、それより違いのほうが目立つ。所有代名詞一つとっても、スペイン語って性や数によって一致しないなんてビックリだ。

どんなに勤勉に書き写したところで、それだけでスペイン語が上達するわけはない。でもまあ、楽しかった。それから「?」や「!」を逆さまに書くのがうまくなった。

これらを表記に使っているのって、もしかしたらスペイン語だけかな。

スペイン語に関する体験を二つ。

モスクワのシェレメチェボ空港発の国際線の中で、隣にペルー人が座ったことがある。スペイン語以外はまったく分からない彼女に、イタリア語で話しかけてみたら、相手は完璧に理解していた。ロマンス系の言語が近いことを実感する。ところが困ったことに、彼女の応えるスペイン語が、わたしにはちっとも分からないのだ。これでは会話のキャッチボールにならない。だが、傍《はた》からは会話しているように見えるらしく、ロシア人のフライトアテンダントに通訳するようにいわれて、このときばかりはひどく困ってしまった。

もう一つは、高校生のときに使っていた安物の国産腕時計。日付と曜日が表示されるのだが、その曜日がなんだか分からない言語だった。それで調べてみたら、スペイン語だったのである。理由はいまだに分からない。輸出用だったのか。

42 スロバキア語

ロシアのことわざに「魚がいなければザリガニだって魚」というのがある。ピッタリのものがなければ、近いもので代用するという意味で、日本のことわざだったら「鳥なき里の蝙蝠《こうもり》」というのが、これに相当する。

わたしの場合は「スロバキア語ができなければチェコ語で」だろうか。

スロバキアにはこれまで二度訪れたのだが、ことばに困ったことはない。ただし、不勉強にしてスロバキア語は残念ながら知らない。それでも困らないのは、チェコ語でなんとかなってしまうからである。

といっても、スロバキア人がチェコ語を話すからではない。こちらはチェコ語で、スロバキア人はスロバキア語で、それぞれ押し通せば、それでコミュニケーションが成立してしまう。それほど言語的に近いのだ。

チェコ語とスロバキア語は非常に似ている。ただしその理由は、現在のチェコ共和国とスロバキア共和国が、かつてチェコスロバキアという一つの国を形成していたからではない。その頃から、いや、そのずっと前から、チェコ語はスロバキア語で、スロバキア語はスロバキア語。別の言語であるという認識が、昔からあったのである。

違う言語同士が通じてしまうなんて、日本語のように兄弟のいない一人っ子の言語を母語とする者にとっては、不思議としかいいようがない。そしてほんの少し羨ましい気がするのも、一人っ子が兄弟に憧れるのに似ている。

ところが、である。しばらく前に読んだ新聞記事によると、スロバキア語とチェコ語は徐々に離れつつあるらしい。スロバキアの若い世代がチェコ語を理解しない。チェコ語で本を読んでもピンとこないし、チェコ語のテレビ番組を見ても分かりにくいと感じるらしいのだ。

このまま行けば、将来、スロバキアでチェコ語を押し通すことができなくなるかもしれない。スロバキア人から「すみません、チェコ語は分かりません。英語でいってもらえますか」なんていわれたら、きっと寂しいだろうなあ。

でもそのほうが、真面目にスロバキア語を勉強する気になるかもしれない。

43 スロベニア語

ほんの少し前まで、スロベニア語の学習はタイヘンだった。教材も少なく、英語で書かれたものすらほとんどなくて、ドイツ語やイタリア語によるものに頼らざるをえなかった。それが今日では日本でも入門書が出ている。

九〇年代半ば、プラハでおこなわれたチェコ語夏期講習のあとに、カミさんと二人でスロベニアを旅行した。わたしは二度目だったが、カミさんははじめて。そのときはわたしがセルビア・クロアチア語を使って、用を済ませていた。

このとき、カミさんは首都リュブリャーナの大型書店で、スロベニア語の教材を買った。テープが一二巻もついている、ずいぶん大部な入門コースである。帰国後、カミさんはこれを、まるで歯を磨くように毎日毎日、一定のペースで聴いていた。ついには、最後まで聴いてしまったらしい。

次に、スロベニア語をスロベニア人から習いたいといい出した。わたしはお世話になったスロベニア人神父さんに相談し、東京在住のスロベニア人女性を紹介してもらった。それ以来、カミさんは毎週そこへ通うようになる。

さらにリュブリャーナのスロベニア語講習に、何度か参加するようになった。当然ながら、運用能力はどんどん伸びていく。そのうち一緒に旅行しても、カミさんがすべて通訳してくれるようになった。

そしてついには、スロベニア語の入門書までまとめてしまった。ということで、さきほどの日本で出ている入門書とは、カミさんが書いたものなのである。

考えてみれば、スロベニア語はわたしの専門であるスラブ語学にとっても、重要な言語である。スロベニアはこれまでに、コピタル、ミクロシッチ、ナフティガルといった、錚々《そうそう》たるスラブ語学者を輩出してきた。スロベニア語が分かるというのは、彼らの著作が読めることだ。これは魅力的。

わたしは羨ましくて、スロベニア語を勉強したいのだが、カミさんの書いた入門書を使うのは、ちょっと複雑な気持ちである。

44 スワヒリ語

最近、日本でもポピュラーな果物、マンゴー。このマンゴーのことをスワヒリ語で「エンベ」という。わたしの知っている唯一のスワヒリ語といっていい。

マンゴーはどの言語でも「マンゴー」というのだろうと思い込んでいた。ある外国語学習CD―ROMシリーズがあって、いくつか中身を覗いてみたのだが、不思議なことに、どの言語でもマンゴーが登場する。しかもヨーロッパ諸語では、たいていが「マンゴー」で代わり映えがしない。だったら、なんでわざわざ覚える必要があるのか。不思議に思っていたら、CD―ROMとは別のところで、偶然この「エンベ」に出合った。

きっかけは竹村景子『スワヒリ語のしくみ』(白水社)。この「言葉のしくみ」シリーズはいわゆる入門書と違い、全体像を大雑把《おおざっぱ》に摑《つか》むための、通読できる概説書である。この本の中で、修飾語と被修飾語の関係を説明するのに使われていたのが、マンゴーだった。大きいマンゴー、小さいマンゴー、あなたのマンゴー、わたしのマンゴー。スワヒリ語では修飾語が後ろにつくので、それぞれ「エンベ・クブヮ」「エンベ・ドゴ」「エンベ・ラコ」「エンベ・ラング」となるが、とにかく「エンベ」だけは自然に覚えてしまう。

そもそもスワヒリ語は、ヨーロッパ諸語と発想がずいぶん違っていて、世界の言語の文法を考えるときには避けて通れない。語尾変化ではなくて、語頭が変化するだけでもビックリなのに、しかもその変化する部分が、名詞のクラスごとに違うのである。果たしてクラスとは何なのか、詳しく知りたい方は先ほどの本をどうぞ。

歴史を遡れば、バントゥー諸語を話す人たちが暮らしていた東アフリカにアラビアから商人が船でやって来て、その結果、アラビア語の影響を受けながら、だんだんと形成されていったのがスワヒリ語である。つまりはクレオール、すなわち混成言語だ。ちなみにスワヒリというのは、アラビア語の「海岸」に由来するらしい。

さて、マンゴーの原産は東南アジアで、インドでは六〇〇〇年前から栽培されていたという。東アフリカとは直接関係ないのだが、我が家では「エンベ」がすっかり定着してしまった。これはクレオール化の始まりなのだろうか。

45 セルビア語

一九八五年、当時はまだ旧ユーゴスラビアの首都だったベオグラードを訪れた。その頃のわたしは、東京の外国語講座でセルビア語を学びはじめて、まだ一年足らずだった。にもかかわらず、勇ましくも一人旅に出かけたのである。

アテネから列車に二四時間もゆられて、やっと到着したベオグラードはあいにく日曜日の午後。駅の案内所で宿を紹介してもらいたかったのに、案の定閉まっている。仕方がないので、大きなバックパックを背負い、街の中心を目指してトボトボ歩き出す。大きな広場を通りがかったとき、そこに立つ四、五人のおじいさんやおばあさんが、小さな声でわたしに呼びかけているのに気づいた。「ソバ、ソバ」

日本語ではない。セルビア語の「ソバ」は部屋という意味。宿を斡旋《あっせん》しているのである。助かった。早速おばあさんの一人と交渉して、その結果なんと彼女の家に、しかも格安で宿泊するという幸運に恵まれる。理由は「あなたはセルビア語ができるから安心」

とはいえ、一年にも満たないわたしのセルビア語。何でもいえるわけではない。

翌日、街に出かけようとしたら、おばあさんに呼び止められた。「何時に帰ってくるの?」玄関の鍵は共通だし、おばあさんも戸締りが心配なのだろう。わたしもそれほど遅くはならないつもりだが、そのときなぜか、反射的に「ペート」と答えてしまった。「ペート」は数字の5で、つまり五時ということ。ちょっと早い気もするが、それより大きい数字がとっさに浮かばなかったのだ。おばあさんは満足げにわたしを送り出す。

約束してしまったので、五時の門限は守らなければならない。一日中街を歩きまわり、帰りがけに小さな花束をなんとなく買って、出迎えてくれたおばあさんにプレゼントした。おばあさんの喜びようは、少し大袈裟《おおげさ》にさえ見えた。

自分の部屋に戻り、買ってきた本を眺めていたら、おばあさんがノックする。「ジュースでもいかが?」。そりゃ、ご親切に。ジュースを飲みながら、おばあさんに尋ねられるまま、ベオグラードの印象を話す。セルビア語の練習になって嬉しい。

再び部屋に戻ってしばらくすると、またもやノックの音。「ケーキが焼けたんだけど」

こうして、わたしは「セルビア語+花束」の効果が絶大であることを学んだ。

46 ソルブ語

ソルブ語はとても小さな言語である。スラブ系なのに、ロシア語教師ですら知らない人が多いくらい、マイナーなのだ。

まず、話されている地域の面積がかなり小さい。ドイツとチェコとポーランドの国境付近でひっそりと話されているだけである。

さらに、使用人口もどんどん減っている。一九五〇年代に一五万人だったのが、今では八万人くらい、いや、五万人ぐらいかも知れない。新しい統計が出るたびに、その数は少なくなっていく。

ソルブ語話者は、すべてドイツ語とのバイリンガルである。ソルブ語だけを話す人はもういない。辞書も文法書も教科書も、だいたいがドイツ語で書かれている。二年に一回、ソルブの中心都市バウツェン（ソルブ語でブディシン）ではソルブ語セミナーが開かれる。だが、ここでも共通語はドイツ語である。

そんな小さなソルブ語なのに、標準文章語が二種類もある。一つは上《かみ》ソルブ語、もう一つは下《しも》ソルブ語という。上と下というのは、ソルブ語話者が分布するシュプレー川流域を基準に決めたもので、南が上、北が下となる。言語は多様であればあるほど、魅力的な世界が広がるのだが、面倒くさいのもまた事実。

一九九三年にバウツェンを訪れたとき、現地のソルブ語専門書店で子ども向け雑誌を買った。同じ月の同じ号で、内容も同じ、表紙まで同じデザインなのに、上ソルブ語版と下ソルブ語版の両方で出版されている。両方ほしい。ソルブ語の文法書や辞書などを大量に買った他に、この雑誌も買い、ホテルに帰って読み比べてみた。印象では上ソルブ語がチェコ語に、また下ソルブ語がポーランド語に似ている気がした。片方だけを読んでもよく分からないのだが、両方を読み比べてしばらく考えると、なんとなく理解できる。やっぱりスラブ諸語は不思議だ。

町で聞こえるのはドイツ語ばかり。ソルブ語専門書店に入ってきた子どもが「グーテン・ターク（こんにちは）！」とドイツ語で挨拶するのを見たときには、この先たいへんだろうなあと危惧し、そんな文章を書いたこともある。

しかし今ではインターネットでソルブ語のテレビ放送が見られる。先のことは誰にも分からない。

47 ゾンカ語

伊坂幸太郎氏の作品が大好きで、そのほとんどすべてに目を通している。彼のスタイリッシュな文体が憧れなのだ。すっかり影響を受けて、ときには真似して書いてみることさえあるのだが、気づいてくれた人は編集者も含めて誰もいない。

彼の代表作に『アヒルと鴨のコインロッカー』というのがあり、これは映画化もされた。この作品にはブータン人のドルジという留学生が登場する。珍しい設定だが、さらにはブータン人の母語がゾンカ語だという話も出てくる。

「数の数え方なんてすごく似てるんだ」河崎が人差指を立てた。「日本語はイチ、ニ、サンで、ゾンカ語はチ、ニ、スム。顔だってそっくりなくらいだ。たぶん、日本語には馴染みやすい」(創元推理文庫、二〇八ページ)

《ブータン語》ではなくてゾンカ語である。国名と言語名が一致しない例はいくらでもあるのだが、このことに気づかない鈍感な作家も少なくない。かつては《チェコスロバキア語》とか《ソ連語》など、信じられない言語名を平気で使う人もいた。

さて、そのゾンカ語。ブータン王国の公用語であることは知っていたが、それ以外のことはまったく無知なので、調べてみる。すると、やっぱり数字の話が出てきた。

おまけに、その（＝数字の）発音は日本の数え方と似ていなくもありません。数を数えるブータン人が「チ・ニ・スム・シ……」と唱えるのを聞いて驚く日本人が少なくないのもそのせいです。（柴田武編『世界のことば小事典』大修館書店、二六一ページ）

とはいえ、それだけで源流ウンヌンといってはならない。それにゾンカ語では六〇のことを「二〇が三つ」というらしい。これは二〇進法が伝統であったことを示している。チベットの影響が強いこの国でも、おもしろい独自性があることを知った。

伊坂氏はブータンに行ったことがあるようだが、それにしてもゾンカ語のことまでちゃんとチェックしているとは、ますます憧れる。

48 タイ語

童謡に「たいこのおけいこ」というのがあって、かつてテレビの幼児向け番組でよく歌われていた。たいこの打ち方を毎日のように練習していくのだが、「おととい」から「昨日」そして「今日」と続けるうちに、だんだんに上達していくという歌である。

最近ふと思い出して口ずさむと、言語のことばかり考えているせいだろうか、「たいこ」が「タイ語」になってしまう。

では、タイ語の「おけいこ」だったら、何がタイヘンになるだろうか。

文字はどうだろうか。タイ文字は針金細工みたいにクニャクニャ曲がり、ときどきクルンと丸まっているところがあって、なんともかわいらしい。難しそうではあるが、文字好きのわたしにとっては、むしろ楽しみ。

やっぱり発音なのか。そもそも、発音はどの言語でも多かれ少なかれ難しいところがある。しかし、わたしのようにヨーロッパの言語ばかりに偏って接していると、アジアの言語に触れたときにその弱点がはっきり浮かび上がってしまう。

まず声調。意味の区別に使う声の上げ下げのことで、中国語の四声《しせい》は比較的よく知られている。タイ語には声調が五つあり、理論的には分かっていても、やっぱりちょっと怖い。わたしにはとくに「おけいこ」の必要がある。

それから帯気音。発音するときに空気が漏れるか漏れないかで、意味が違う。同じ「カーイ」でも、「カー」で息が漏れれば「タマゴ」、漏れなければ「ニワトリ」というのは、有名な例らしい。個別に発音するだけならいいが、咄嗟《とっさ》に区別できるか。食堂で好みのものを注文するためには、これも「おけいこ」しなければならない。

タイは旅行先として人気があり、ファンも多い。言語に注意を向ける人も増えてきた。そこでぶつかる文字や発音といった難関は、やっぱり毎日「おけいこ」するしかないのだろうな。でも今は音声教材もたくさんあるし、CDなどを聴くことが容易になっている。これに耳を傾けてがんばれる人だけが、タイと夕イ語の醍醐味《だいごみ》を味わえるわけだ。

言語の訓練には自信があるのだが、暑いのが苦手なわたしの場合は、耐暑訓練という「おけいこ」からはじめなければならないのが、ちょっとつらい。

49　台湾語

台湾語と中国語の違いが聞き分けられない。

これがクロアチア語とスロベニア語なら、十秒もあればどちらか判断できる。チェコ語とスロバキア語だったら五秒だ。内容が充分に聴き取れるとは限らないが、すくなくともメロディーの違いにはすぐ反応できる。

中国語も台湾語もできないのだから、聞き分けられないのは当たり前といわれればそれまでである。だが、同じようにできないスペイン語とポルトガル語は、最近はメロディーの違いが分かるのだ。だから悲しい。

侯孝賢監督の映画『悲情城市』を観る。この映画は多言語としても有名であり、台湾語、日本語、北京語、上海語、広東語が響くが、圧倒的多数は台湾語で、北京語はごく限られているという。

そういうつもりで耳を澄ます。だが分からない。そもそも台湾語は中国語の方言の一つである福建省南部のことばが基礎となっているので、当然ながら声調がある。台湾語の声調は八つで、中国語の四つと比べれば倍もあるが、同じにしか聞こえない。

一方で、映画自体が面白いから、惹《ひ》きつけられてぐいぐいと観続ける。第二次世界大戦直後の政治的混乱期の台湾を舞台に、展開される人間ドラマ。北京語が響くのは大陸から来た記者の話すことばと、国民政府の行政長官が語るラジオから流れる声に限られるそうなので、それを意識する。

すると徐々に、台湾語らしさが感じとれるようになってきた。わたしのなけなしの中国語の知識、たとえばあいさつ表現や数詞の響きが違っている。ことばの流れそのものが違う気さえする。単なる勘違いかもしれないが。

とはいえ、これが限界である。あとはやっぱり勉強しなければ。

台湾の言語状況は現在も複雑である。台湾語はもちろん元気だが、さらに北京語とは微妙に違う「國語」つまり「台湾華語」が普及し、日本でも『今日からはじめる台湾華語』（白水社）という入門書が登場した。

近年、急激に増えた日本の中国語学習者。標準語の習得も大変だろうが、さまざまな変種に耳を傾けてこそ、はじめて分かる世界があるのではないか。

50 タジク語

一〇〇の言語を巡る旅も半分まで来た。あっ、あちこち拾い読みしている方には、関係ないですね。もちろん、それでいいんです。とはいえ、わたしは「はじめに」にもあるとおりアイウエオ順で進めているので、半分まで辿り着いてホッとしている。

さて、テーマはタジク語。旧ソ連の言語だから簡単に書けるだろうなどと、気楽に考えていたら大間違いだった。わたしはタジクについてほとんど知らない。くり返しになるが、ロシア語教師に限って、中央アジア諸国については首都名すらいえなかったりする。ちなみにタジキスタン共和国の首都はドゥシャンベ。訪れたことはない。

わたしがタジク語について知っている唯一のことは、インド・ヨーロッパ語族に属し、中でもペルシア語に近いということ。他の中央アジア諸国は、アゼルバイジャンも含めてみんなトルコ語と同じチュルク系だから、これは大きな違いだ。

……わたしの知識はここでおしまい。

ここから先は書棚を漁《あさ》ることにしよう。そうすると『ロシア語・タジク語会話集』

なんていう本が都合よく見つかる。なんでも見たときに買っておくものだ。これはロシア語話者がタジキスタンを訪れた場合を想定した会話集である。ものすごく簡単でアバウトな文字と発音が一ページだけあって、あとはひたすら例文が並ぶ。ソビエト崩壊前の一九九〇年の出版（第三版）のためか、「同志！」という呼びかけからはじまるところが、時代を感じさせる。

まえがきによると、タジク語はかつてアラビア文字やラテン文字で書かれたが、一九四〇年からはロシア語と同じキリル文字にいくつか付属記号をつけた文字を併《あわ》せて使うようになった。ロシア語にない文字は「例外」として紹介している。これだけでロシア人は会話できるのだろうか。もちろん、ロシア語から取り入れた語もときどきあったりする。ああ、音が聴いてみたい。

なにかおもしろい例文はないかと探してみた。

「《アヂブ》出版社はタジクの作家の作品をアラビア文字で出版しています」

まえがきで述べてあることと矛盾する気もするが、まあ許そう。ソビエト時代からアラビア文字出版があったなんて、ちっとも知らなかった。実際に見てみたい。

会話集の例文にも、思わぬ真実が隠れている。

51 タミル語

タミル語は不幸な言語である。日本語の起源に取り憑《つ》かれた国語学者とその支持者によって、妙な取り上げ方がされてきたからだ。

なーんていっても、わたしはこの言語について何も知らない。日本語との関係についての研究動向にもおよそ不熱心で、実は読んだことさえない。そうすると「批判するんだったら、ちゃんと読んでから批判せよ」なんて怒られたりもする。でも、読む気はしない。読まなくてもヘンな気がする。

タミル語は南インドのドラビダ語族に属する。ドラビダ語族には二五言語があり、そのうちタミル語、カンナダ語、テルグ語、マラヤーラム語の四言語が文章語を持つ。ということは、もし日本語がタミル語と親戚関係にあるとすれば、他のドラビダ諸語とも親戚ということになる。そうなの？

タミル語の言語人口はインドに約四五〇〇万人、その他にスリランカには約二五〇万人がいる。ちなみにドラビダ語族全体では約一億八〇〇〇万人。こんな大言語と日本語との間に接点があるのだったら、もっと以前に気づいて当然なんじゃないの？

わたしの印象では説得力に欠けるので、偉い言語学者から引用。「日本語とタミル語が同じ系統の言語であるとする前提に基づくこの説は、勇敢さを超えたものがある。（……）『乳鉢の中で叩きつぶす』という意味のタミル語がどうして『米』の意味と結びつくのか、連想の飛躍しすぎる比較ではなかろうか」（堀井令以知『比較言語学を学ぶ人のために』世界思想社）。偉い人は読んでから批判する。

文章語としてのタミル語は、他のドラビダ諸語と比べても非常に古く、しかもサンスクリット文学の影響がいちばん少ない文学の伝統がある。オリジナリティーがあるのはカッコいいが、そういうところが奇妙な系統論を生んでしまう原因なのかもしれない。

そもそも、日本語起源論に興味がない。あらゆる言語が**グリムの法則**（コラム04参照）のような音韻対応によって、系統が証明できるとは考えにくい。それよりも外国語は外国語として接したいのだ。タミル語だって、外国語として注目することからはじめたい。

調べてみれば、現代のタミル語文化圏は映画が盛んだそうだ。年間九〇〇本も制作されるインド映画のうち、約二〇パーセントがタミル映画。まずは映画を楽しみたい。

言語学コラム 04 グリムの法則

グリムとは、あの有名な「グリム童話」のグリムだ。ただし、ドイツの民話を収集した兄弟のうち、この法則を導き出したのは兄のヤーコプ・グリムのほうである。なにも知らない人がグリムの法則と聞けば、いったい何を想像するだろうか。

「オオカミは必ず悪役である」
「兄弟の末っ子は必ず最後に成功する」
「ヒロインには必ず王子様が現れる」

こんな感じの、メルヘン調な人生訓めいたものとはまったく違う。

そもそもヤーコプ・グリムは、昔話が趣味のオジサンだったのではない。ドイツ語文法やドイツ語辞典を編纂《へんさん》した言語学者なのである。その彼の名を冠したこの法則は、当然ながら言語学と関係する。

グリムの法則はインド・ヨーロッパ比較言語学における重要な音韻対応である。しかも、言語学をかじれば必ずどこかで出合うことになるほど有名なのだ。

グリムの法則のうち、インド・ヨーロッパ祖語とゲルマン祖語との間に見られる対応を、第一次子音推移という。通例ではインド・ヨーロッパ祖語をラテン語で、またゲルマン祖語を英語などで代表させて、少しばかり強引な説明をする。

それに従えば、たとえばラテン語の pater が英語の father に対応することから、つまりラテン語のpは英語のfに対応することが分かる。考えてみれば、正確には文字の対応であり、それはグリム自身も分かっていたのだが、言語学の世界ではこれを音韻と考えるのが通例。表音文字を使っていると、往々にして文字と音の区別がつかなくなる。それはともかく、このような手順できれいな表にまとめていくのである。

さらに、高地ドイツ語とゲルマン諸語の間に見られる対応のほうは、第二次子音推移というのだが、まあこれくらいにしておこう。

グリムの法則は、第一次子音推移にせよ第二次子音推移にせよ、世界の言語の中でごく一部にしか通用しないものである。だが、かつて言語学はヨーロッパ以外に関心が薄かったことの名残と、比較言語学があまりにも見事な成果を挙げたことから、一般言語学における普遍的な知識のようにとらえられるようになってしまった。

このように整然とした音韻対応には、真面目な人ほど憧れる傾向がある。だが、過信は禁物。言語の変化という複雑なプロセスが、グリムの法則のような「美しい」音韻変化だけで、すべて説明できるわけではない。

ところが困ったことに、同じような法則がすべての言語にもあるはずだと信じて、他の言語の研究でも、奇妙な音韻対応を作り出そうとする人がいる。ここまで影響を与えようとは、きっとグリム自身だって驚くに違いない。

言語学も科学の一分野であり、したがってさまざまな法則もたくさんあるのだが、不思議なことに、人の名前を冠した法則はほとんどない。理系では、フレミングの法則とか、ボイル・シャルルの法則など、わたしのような理科のダメな人間でも、名称だけは思いつく法則がいくつもある。だが、言語学ではグリムの法則以外に、これの修正規則であるベルネルの法則くらい。ソシュールにせよ、チョムスキーにせよ、その名前をつけた法則というのは聞いたことがない。文系学者だって理系学者と同じくらい自己顕示欲が強いのに、これはどうしたことだろうか。

だったら、無理やり作ってみようかな。たとえば「ソシュールの法則」。有名な『一般言語学講義』は、ソシュール自身がまとめたものではなく、ジュネーブ大学における彼の講義を聴講したお弟子さんたちのノートをもとに、再現したものである。そこで、「優秀な学者は著作を残さなくても弟子がまとめてくれる」という法則が生まれる。授業をやってお給料をいただいたうえに、業績まで増えていくとは、なんとも都合がよいではないか。これが普遍化されれば、言語学はこの先ものすごい展開を見せるかもしれない。

だが、そんな例はきっと後にも先にもソシュールだけだろう。少なくともわたしにはまったく当てはまらない。

だから、今日も自分でせっせと原稿を書くのである。

言語学コラム 05
名詞の性

ヨーロッパの言語では名詞に性があり、男性名詞や女性名詞などという。しかし自然界の性（sex）と文法上の性（gender）は違う。これを混乱すると、外国語学習が困難になる。

文法上の性とは、単なる「お約束事」である。フランス語だったら、定冠詞は le がつくのか、それとも la になるのかということに過ぎない。この区分にしたがって形容詞や代名詞が決まってくる。まあ、グループ分けと考えればよい。

ところが多くの人は、男性とか女性と聞けば、どうしても自然界の性を思い浮かべてしまい、そこから抜け出せない。どうしてフランス語では「髭《ひげ》」barbe が女性名詞なんだ、フランスの女は髭が生えているのか？　ドイツ語では「娘」Mädchen が中性名詞だというが、いったいどうなっているんだ！　だいたい、中性って何だよ？

こういう「おやじギャグ」には、いつもウンザリする。

とはいえ、比喩表現では自然界の性と文法上の性が結びつく。神話や昔話などでもそうで、人間は太古の昔から男女の話にワクワクしたようだ。そういったことを名詞の文法上の性に絡めて嬉しそうに語る人もいて、またまたウンザリする。

52 チェコ語

外国語との出合いは、どれも偶然が大きく左右するのだが、とくにチェコ語は、ここまで深入りしようとは夢にも思わなかった言語である。

スラブ諸語の研究者を目指すからには、東スラブ、南スラブ、西スラブの言語をまんべんなく学習しなければならない。このアドバイスを真剣に受け止めて、学生時代に東はロシア語、南はセルビア語を学んだ。次は西からとなり、そのときにチェコ語を選んだ。チェコ語の講座が開かれていることをたまたま知ったこともあったし、言語学者C先生に習いたかったということもあった。だが、後に配偶者がチェコ語教師になろうとは、その頃のわたしには想像すらつかなかった。

配偶者がチェコ語教師だと、やはり現地へ出かけることが多くなる。わが家では、海外へは夫婦そろって出かけるのを基本としており、チェコに行くとなれば当然チェコ語が必要になる。さらにわたしにとっては隣に「怖い先生」が常にいるので、気が抜けない。

ここ数年、チェコは日本でも人気の観光スポットとなりつつある。おしゃれなファッション雑誌も、年に一、二冊はチェコ特集を組む。「ツックル」というチェコ専門情報誌が出たこともあった。そういうものすらこまめにチェックするくらい、今ではチェコが好きだ。

観光以外にも、チェコ語の魅力はたくさんある。チェコ語ができれば、美しくおもしろい本が読めて、おいしい「ピヴォ」すなわちビールが注文できる。さらにスラブ語学のためにチェコ語は欠かすことができないというのが、わたしの信念。

チェコ語はなかなか油断のならない言語で、他のスラブ諸語から勝手な類推をしていると、痛い目に遭うようにできている。とくに変化語尾にはご注意。一時は瀕死状態だったチェコ語が近代になってから標準語として再構成される際、採用された形が非常に独特なのである。カミさんの作るチェコ語期末試験の校正をしていても、わたしはいまだに綴りが分からなくなり、語尾が不安になってこっそり辞書で確かめたりしてしまう。

おそらく、ロシア語にもっとも似ていないスラブの言語がチェコ語である。わたしの苦労は一生続く。それでも付き合っていくことだろう。

53 チベット語

だんだん分かってきたぞ。わたしはインド・チベット方面の言語知識が、すっぽりと抜け落ちているのだ。その証拠に、こういう地域の言語については、調べなければ何も書けない。まあ、調べるのは楽しいけれど。

あまりにも無知なので、チベット語とネパール語の区別さえ、ときどきつかなくなってしまう。チベット語はシナ・チベット語族チベット・ビルマ語派に属し、一方ネパール語はインド・ヨーロッパ語族インド語派。ぜんぜん違う。とはいえ、チベット語話者は中国だけでなく、ネパールにもいるし、さらにブータン、インド、パキスタンにもいる。

実際に文字を見比べてみれば、だいぶ違うことに気づく。ネパール語はヒンディー語と同じくナーガリー文字が基本なので、語ごとに横棒で繋がっている。それに対して、チベット文字はナーガリー文字の遠い親戚だけど、音節ごとに分かち書きをするため、もっと切れ切れ。

チベット語の表記では、音節が複雑になってくると、文字の要素を二層三層と積み重ねていくため、上下にずいぶん幅を取る。横書きなのにここまで縦長文字があるというのもおもしろい。

あるときテレビの旅行番組で、中国・チベット自治区の中心都市であるラサが紹介されていた。鉄道駅の風景が映し出され、電光掲示板に中国語が表示されていると思ったら、それがパッとチベット語に変わった。たったそれだけのことなのに、なぜか非常に感動してしまった。カッコいい。チベット文字の中にはやっぱりずいぶんと縦長なものも混ざっている。全体として太さがまちまちなところが、かえって味があって美しい。

文法を調べてみると、能格構造があったり、敬語法が発達していたりと、チベット語は言語学者を飽きさせない。日本の大学でも仏教系のところはチベット語講座を開講しているところも多いはず。複雑なしくみを「堪能《たんのう》」できそうだ。

54 中国語

知り合いの中国語の先生は「学生時代、中国語を発音するのが快感で、熱心に勉強した」という。これは素敵な発想だ。

中国語に声調という声の上がり下がりのあることは、最近ではすっかり有名になった。日本語にも、東京方言では「柿」と「牡蠣《かき》」でアクセントの違いがあるが、声調とは少し違う。「柿」と「牡蠣」では「か」と「き」のどちらが高いか低いかで比べるが、中国語の声調は、たとえば ma という音が上がり調子なのか下がり調子なのかということで、意味が違ってくるのだ。標準語ではこの上がり下がりのパターンが四つあるので、四声《しせい》という。他にも、そり舌音とか舌歯音とか、それはもう、一度聞いただけで自分でも真似したくなるほど、カッコいい音がいっぱいある。

わたしもCDに合わせて、中国語の発音練習をしてみた。なるほど、これは快感。今まで出したことのなかった音を出すことは、こんなにも楽しいものか。口からはいつもと違ったメロディーが流れ出る。いったいどんな音なのか、紹介したくはあるのだが、これぱっかりはカナでは伝わらない。

中国語ブームはますます高まっている。大学の第二外国語では中国語を選択する学生が半数を超えるところも珍しくない。誰も彼もが同じような行動を取るのはどうかと思うけど、中国語をやることはもちろんいい。ヨーロッパ諸語とも日本語とも違った音や文法に触れるのは、言語に対する感性を豊かにしてくれる。

しかし世間が中国語を歓迎するのは理由が違う。それは市場とか経済成長率とか、わたしが生まれてから一度も興味を示したことのない分野で期待ができるかららしいのだ。

へー、まあ、なんでもいいや。外国語の学習を薦めてくれるのはありがたい。

ところが、不思議なことに、中国の将来性を期待して中国語学習を薦める人というのは、自分で勉強していない人が多い。やったこともないのに、どうして人に薦められるのかなあ。いいと思うなら、まずは自分で勉強してみればいいのに。

自分で買わない株を人に薦める人が信用できないように、自分で勉強していない中国語を薦める人には、くれぐれも注意したほうがいい。

55 朝鮮語

二一世紀の日本に韓流ブームが巻き起こり、韓国・朝鮮語が「メジャーな」言語になろうとは、夢にも思わなかった一九九〇年代。わたしは某外国語系大学で非常勤講師として教えるようになったのだが、そこでたまたま知り合った韓国語学科の学生たちと親しくなり、その影響で韓国語のレッスンを受けるまで熱中したことがある。現地にもこれまで三回出かけた。行くときはいつでも韓国語学科の学生たちといっしょ。毎回みんなが助けてくれるので、韓国語を話すチャンスはほとんどない。

それでも、ときには自分で使ってみたい。

はじめて韓国語を話したのはソウルの安宿で。いっしょに旅行をしていたY君は知人に会うために朝早くから出かけてしまった。わたしはその一時間ほど後に一人で街へ出ることにしたのだが、部屋の鍵を閉めて外出しようとすると、掃除係のおばさんが何か話しかけてくる。残念ながら何一つ分からない。しかしわたしは慌てずにこういった。

「モルゲッスムニダ。チョヌン、イルボンサラミエヨ」

分かりません。わたしは日本人です。おばさんは、それなら仕方がないという様子で、その場を立ち去った。韓国語初体験、まずは成功である。

会話とは語学力ではなく、経験と度胸がものをいう。教科書で習ったような単純な表現でも、使い方で思わぬ威力を発揮することだってあるのだ。

だが、常にうまくいくとは限らない。

あるとき、カミさんもいっしょにソウルへ行った。大型書店でカミさんがトイレに行きたいといい出す。カミさんは韓国語ができない。ここでいいところを見せなければ。わたしは店員に向かって落ち着いて尋ねる。

「ファジャンシル、オディエヨ」

トイレはどこですか。これは会話集の定番である。店員が場所を指し示してくれたので、間違いない。お礼をいい、方角を確かめ、カミさんを連れて意気揚揚と行ってみれば……

男子トイレだった。

56 ディベヒ語

海洋文化と縁の薄いわたしにとって、インド洋に浮かぶモルディブ共和国は完全なる未知の国である。新聞に掲載される海外旅行の広告で、パックツアーの案内を時折見かけるくらい。もちろん言語についても知らない。

モルディブの公用語はディベヒ語という。約二〇〇の島に住む約二〇万人が使う言語だそうだ。二六に及ぶ珊瑚の環礁からなる国で、それぞれに方言があるというのだから、なんとも複雑そうではないか。

そのディベヒ語の会話集を見つけた。イラストがたくさん入ったカワイイ会話集は、スキューバダイビングなどを目指してモルディブに出かける元気な人向けに作られている。その内容も元気でノリノリで、モルディブ人の大らかな性格を慈しみ、首都マレーでの生活情報を提供する。実用的だが、わたしの求めるものとはすこし違う。

それでも日本語で読めるディベヒ語の会話集は、これ以外になさそうだから、丹念にページを捲《めく》りながら考える。

すると文字が魅力的なことに気づく。ディベヒ語はターナ文字を使って書き表す。アラビア文字を基礎に作られたこの文字が、会話集では手書きで右から左へと綴られる。子音字のうえに母音字が一つずつ乗るので、アラビア文字にくらべて短く切れ切れの印象を与える。これがまたカワイイ。

もちろんターナ文字が読めないので、添えられたカナ表記を眺めるのだが、まったく見当がつかない。系統としてはシンハラ語が近いそうで、地図で確認すればスリランカが目と鼻の先。ということはインド・ヨーロッパ語族という可能性が高くなる。そう思って単語を見ていると、なんだかそんな気もしてくるが、借用語の可能性もあるから、一概にはいえない。

意外なのは会話集で「アッドゥ語」を紹介していること。これはモルディブ最南端のアッドゥ環礁で使われる「地域語」だそうで、だったら地域方言だから「語」とは違うのではないかと思うのだが、その辺りは大らかである。ささやかな会話集で地域方言まで取り上げるとは、元気とノリノリを再び感じる。

実はロシア語教師が定年後に南の島に移住したり、スキューバダイビングに熱中したりという例は案外多い。寒い国とは違う体験がしたいのか。自分がそうなるとはどうしても思えないが、先のことは分からないから、この会話集は大切にしておこう。

57 テルグ語

以前にも書いたが、文字の読めない本を買うことにはまったく抵抗がない。小学生の頃より、お年玉を貯めては東京・日本橋の丸善へ出かけて輸入絵本を買い求める。ページを開いたところで、当然ながら読めない。でも、絵が気に入ればそれでよかった。だいたい、外国語なんて一生かかっても読めるもんじゃないと信じていた。今でも蔵書には絵本が多い。

その中にテルグ語の絵本がある。これは丸善でなく、神保町の旧ソ連専門書店で買い求めた。たしか大学生の頃だった。英語やロシア語が少しずつ読めるようになっても、文字の読めない絵本を買う習慣は続いていた。そう、テルグ語は独自の文字を使う。

テルグ語の絵本といっても、この書店がインドの本を仕入れたわけではない。旧ソ連は、自国の絵本を翻訳して輸出するのに熱心だった。主に第三世界向けだったが、そういうものが不思議なことに、ときどき日本へ送られてきて、ロシア語の絵本といっしょに並んでいたりするのだった。こういう奇妙な出合いは楽しい。

丸まったおもしろい形をしているテルグ文字は、いまだに読めない。ラテン文字のエストニア語や、キリル文字のウズベク語を眺めるときとは、また事情が違う。とにかく、皆目《かいもく》分からないのだ。そもそも、どうしてテルグ語と分かったのかといえば、奥付に小さくロシア語で「テルグ語版」と書いてあったからである。

テルグ語はインドでヒンディー語に次ぐ言語人口を有し、六〇〇〇万人以上が話す。決してマイナー言語ではない。ところがインドの都市部では英語が広く通じてしまうため、結果としてインド系言語の多くは、話者人口に関わりなくマイナーになってしまう可能性がある。多様性を好むわたしにとっては、ちょっと残念な気がする。

不思議に思われるかもしれないが、これを買い求めた大学時代、このテルグ語の絵本をときどき取り出しては「読んでいた」。そのユニークな文字を、熱心に睨《にら》んでいた記憶がある。どうやら詩のようで、同じ形の文字が行末に並んでいるから、きっと韻を踏んでいるのだろう。そんなことを想像しては楽しんでいた。読めない文字を眺めるだけでも、何かがつかめるような気がしていたのかもしれない。

58 デンマーク語

ふつうデンマークといえば、おとぎ話の国である。有名な童話作家アンデルセンを生み、首都コペンハーゲンはまるでおとぎの国のように美しい。

だがわたしにとって、デンマークは言語学の国である。ちょっと思い浮かべただけでも、イェスペルセン、イェルムスレウ、トムセン、ペデルセン、ラスクと、錚々《そうそう》たる言語学者の名前が挙がる。とはいえ、一般にはあまり知られていない。

ということは、デンマーク語は言語学の言語となりそうだが、これは微妙だ。デンマークの言語学者はみんな語学が達者で、英語やドイツ語で論文を発表してしまうのである。デンマーク語でしか読めない研究論文は、どのくらいあるのだろうか。デンマーク語が読めないわたしには、その調査も難しい。

ここで付け加えておくが、言語学者なら誰もが語学の達人かといえば、必ずしもそうではない。とくに主要言語を母語としている者は怪しい。その点、デンマークはやっぱりマイナーな国であり、デンマーク語もまたしかり。学者もそれを心得ている。

そんなデンマーク語なのだが、言語学へのハードルはすこぶる高い。いちばんの理由はコペンハーゲン学派といわれる人たちの言語理論がすごく難しいことにある。論理的思考回路に問題のあるわたしには、ちょっと歯が立たない。

そこで、具体言語の研究のほうに目を向ける。有名なのがイェスペルセンの英語学だろう。日本でも翻訳がいろいろ出ている。学ぶことも多い。

あるとき吉田健一のエッセイを読んでいたら、イェスペルセンの文法を激しく批判しているものを見つけた。英語の達人としても知られるこの作家によれば、こんな細かい文法にこだわっているから、日本人はいつまでたっても英語が話せるようにならないのだと、それはもう手厳しい。

だが吉田はマイナーな国の言語学者の著作について、その表層しか見えなかったのではあるまいか。細かい文法にこだわってきたからこそ、優れた言語理論がデンマークから生まれるのである。その文法があまりに優れているので、日本語をはじめとするさまざまな言語にまで翻訳される。やっぱりデンマークは言語学の国なのである。

59 ドイツ語

たまには本格的な文法の話をしよう。

ドイツ語には分離動詞というのがある。この分離動詞、辞書の見出しでは接頭辞（この部分を「前綴り」という）のついた複合動詞みたいな顔をしているくせに、文中では前綴りだけが文末に残って分離してしまうという、なんともやっかいなシロモノなのだ。

Ich stehe jeden Morgen um 7 Uhr auf.「わたしは毎朝七時に起床する」

この二番目にある stehe が動詞なのだが、そのまま辞書を引いても stehen では「立っている」という意味しか見つからないだろう。最後にある auf を前にくっつけた aufstehen という形で探してはじめて、「起床する」だと分かる。こういうのが分離動詞である。

よく考えないで端から辞書を引いても、ドイツ語は正しく理解できない。すべての語を把握することが大切。たとえば、時計を分解掃除して、細かいネジやらゼンマイやらをきちんと元に戻したつもりだったのに、気がつくとネジが一つだけ余っていて、よく見れば時計も秒針が反対に進んでいる。分離動詞の前綴りを忘れて訳してしまったときは、そんな気分になる。

ドイツ語はドイツ、オーストリア、スイスだけの言語ではない。わたしが付き合っているスラブ圏でもドイツ語話者は少なくないし、外国語として勉強する人も多い。あるときスロベニアの方言地図を見ていた。スロベニアはアルプスの東に位置するスラブ系の国である。そこの言語がスロベニア語なのだが、その方言は山がちな地形のために細かく分かれていることが地図からうかがえる。その中になぜかポッカリと空白部分。調べてみればこのコチェビエ地方はドイツ語圏で、スロベニア方言地図では扱わない地域なのである！

このようにドイツ語は思わぬところに分布している。イタリアのボルツァーノという都市はイタリア語とドイツ語の二重言語圏だし、ブラジル南部のサンタ・カタリナ州ブルメナウは、ドイツ系移民が多く住み、毎年ビール祭りが開かれているのである。あまり注目されることはないが、そういった多様性がドイツ語のすばらしさ。

ドイツ以外を無視してドイツ語を語るのは、分離動詞の前綴りを忘れるようなものではないか。

60 トルクメン語

旧ソ連中央アジアの言語は、これが最後。それにしても、なんのイメージも浮かばない。弱いのはインド・チベット方面だけではなかった。情けない。

辞典類を調べてみる。トルクメン語はチュルク諸語に属し、トルコ語に近い。これは「トルクメン」という名称からも想像がつく。二〇〇万人から三〇〇万人が話しているそうだが、これが果たして多いのか、それとも少ないのか。

文字はアラビア文字を使おうという動きもあったそうだが、一九二〇年代にラテン文字を採用、続く一九四〇年代、キリル文字化する。これも旧ソ連圏の民族諸語では、よくある話。

音韻や文法について、言語学辞典の項目を読んでみた。とにかくトルコ語とアゼルバイジャン語に近く、記述は主としてこれらの言語との違いに焦点が当てられる。ところがこちらはトルコ語もアゼルバイジャン語も知らないのだから、やっぱりイメージがわかない。これではお手上げ。

旧ソ連時代のロシア語教材には「地誌」というのが必ずあって、諸共和国の地理や歴史などが紹介されていた。全体についてまんべんなく勉強させられるのである。ところが一五共和国のうち半分近くを占める中央アジアについては、なんだかみんな似ていて、つまりどこでも綿花とメロンが育つような気がして、あまり印象に残っていない。

スラブ諸国をごっちゃにされると腹を立てるくせに、勝手なものである。

それでも中央アジアはまだまだロシア語を忘れていない地域だといわれている。ロシア語と付き合っていくのなら、やはりチェックをしておくべきだろう。なんといっても、ソビエトになってから識字率が九九・九パーセントにまで上がったのだ。どんな政権でも、悪いばかりということはない。

わたし自身、中央アジア諸共和国はウズベキスタンを除いて訪れたことがない。今は政情が不安定だったり、ビザ手続きが煩雑だったりして、それほど簡単に旅行できなくなってしまった。旧ソ連時代に行っておけばよかったと悔やまれる。もっとも、それでトルクメン語と接することが当時どのくらいできたかは、自信がないが。

61　トルコ語

ドネルケバブをご存じだろうか。羊肉や鶏肉の塊を専用のロースターで炙《あぶ》りながら、こんがり焼けた表面をそぎ落として食べる料理である。この肉に加え、キャベツ、玉ねぎ、キュウリなどの野菜を、ピタというパンを開いて中に入れてサンドイッチにするドネルケバブサンドは、トルコ人の多いヨーロッパでもすっかり定着した。

かつてドイツ東部を旅行していたとき、わたしはこのドネルケバブサンドがとても気に入り、昼食はいつもこれと決めていた。トルコ人が働く同じ店へ毎日のように通ううちに、店員たちとも自然と顔見知りになり、わたしが現れるとニッコリしてくれるようになった。そこでこちらも、ドイツ語ではなくトルコ語で挨拶。「メルハバ」(こんにちは)。

わたしの知っている唯一のトルコ語表現といってもいい。ふつうは挨拶を一つくらい披露したところで、感激されることはないのだが、彼らは違った。満面の笑みを浮かべ「メルハバ」と返してくれるのだ。さらにケバブの盛りがよくなったように思えるのは気のせいか。人懐っこいトルコ人たちは、街中でばったり会ったときでさえ、「メルハバ」と声をかけてくれるのである。こういうとき、もっとトルコ語ができればと思う。

トルコ語は大言語だ。チュルク系言語の研究ではトルコ語が基本。トルクメン語も、キルギス語も、カザフ語も、ウズベク語も、アゼルバイジャン語も、多くの記述がトルコ語との比較においてなされている。その割に、たとえば日本の大学などでトルコ語の開講されているところの少ないのが残念。中近東から中央アジアにかけての大きな言語文化圏へは、やはりトルコ語から入るのが勉強しやすいだろうに。

トルコ語は日本語に似ているから勉強しやすいというのだが、独学は難しい。不慣れな母音調和という区別や、ヨーロッパ諸語からは想像のつかない語彙も大変だが、何よりも「日本語と同じように」接尾辞要素をつけていけばいいというのが、かえってつらい。

トルコ語を勉強したくなるすばらしい本がある。高橋由佳利『トルコで私も考えた』(集英社)。このコミックは、トルコを旅行するうちにその魅力の虜《とりこ》となり、ついにはトルコ人と結婚して家庭を築いた著者自身の物語である。これを読んでいると、「メルハバ」の先にある世界が見えてくる。

62　日本語

一九八〇年代末、わたしはロシア語通訳としてサハリン島を訪れた。観光客を連れて市内を歩いていると、驚いたことに、現地の人々から日本語でしばしば話しかけられる。といってもロシア人ではない。見かけはわたしたちと変わらないのだが、日本人でもない。

彼らはサハリン在住の韓国朝鮮人だった。第二次世界大戦後、日本人が引き揚げた後のサハリンには、多数の韓国朝鮮人が残った。戦時中は日本語で教育を受けた世代である。押し付けられたといってもいい。日本と日本語に対して、あまりよくない印象を持っているのではないか。わたしはそんなふうに想像していた。

ところが、少なくともわたしがサハリンで出会った人々は違った。当時はまだ珍しかった日本人観光団を見つけると、嬉しくて日本語で声をかけてくるのである。

「いやー、日本の方ですか。懐かしいですなあ」

「ラジオで知ったのですが、美空ひばりさんが亡くなったそうで、本当に残念です」

わたしの父母の世代と話しているのと変わらない。

市場に出かけても、韓国朝鮮人がたくさんいる。彼らは野菜や果物のほかに、自家製のキムチをビニール袋で小分けにして売っていた。これを買って帰って、夜にビールのつまみにしたら、きっとおいしいだろうな。わたしはロシア語で声をかける。

「おじさん、このキムチ、一袋いくら?」

すると向こうはさっと日本語に切り替える。

「おや、日本人ですか。珍しいですね」

こちらも日本語で、「うん、おじさん、キムチはいくら?」「ああ、どうぞ、タダで持ってってください」「そうはいきませんよ。おいくらですか」「そうですか、では二円八〇銭」

一瞬、何をいっているのか分からなかった。落ち着いて考えて、再びロシア語で聞く。

「つまり、二ルーブリ八〇コペイカってこと?」

するとおじさんは、やっぱり日本語で「そうです。二円八〇銭」と答えるのである。

どうやら、サハリンの日本語では、ルーブリ=円、コペイカ=銭というらしい。

外国で未知の日本語に出合うという、なんとも珍しい経験をした。

63　ネパール語

ネパール語はネパールの言語である。

それ以上のことは何も知らないことに気づく。そういうときは調べるしかない。

まずその話者数。三省堂『言語学大辞典』によれば、ネパール語はネパール王国の人口一六〇〇万人のうち半数以上が母語として使用し、その他の住民の第二言語としても広く用いられているという。だが現在の統計では、そもそも人口がこの二五年間で一〇〇〇万人ほど増えたようで、それでは言語人口の現状がまったくつかめない。最新の情報を得るのは、想像以上に難しい。いずれにせよ、ずいぶん多いではないか。どうも、アジアの諸言語はその言語人口がかなり多い気がする。ヨーロッパでは、一〇〇万人に達しない言語だってめずらしくないのに。そう考えると、ネパール語が「大言語」に見える。

国外でも一〇〇万人をはるかに超える数の話者が存在するという。インドでは「インドの諸言語」の一つにもなっているらしい。ネパール語はネパールだけの言語ではなかったのだ。わたしの頭の中では、ネパールとインドの位置関係がごちゃごちゃしているので、こういうときは地図を開く。するとお互い隣り合っていることが確認される。なるほど、関係があるのも至極当然。

ネパールはヒマラヤ登山をはじめ、観光旅行でも人気がある。そのためか、ネパール語の会話集は意外とたくさん出版されている。本格的な入門書としては『CDエクスプレス・ネパール語』（白水社）。ネパール語の文字は、ヒンディー語と同じナーガリー文字なので、初心者向けにラテン文字による転写があり助かる。さらに、ミニ知識を紹介する小さなコーナーがあって、その名称は「ヒマラヤのしずく」。カッコいいではないか。

ネパール語はインド・ヨーロッパ語族インド語派に属し、ヒンディー語やウルドゥー語と特に近い関係にある。ギリシア語やラテン語だって遠い親戚。トランスクリプトされた数詞を眺めれば、1～10はエック、ドゥイ、ティン、チャール、パーンチ、チャ、サート、アート、ナウ、ダス。知らない人には分からなくて申し訳ないが、比較言語学なんかをかじっていると、これだけで「なるほど、インド・ヨーロッパ語族だなあ」としみじみ感じる。と同時に、同じインド・ヨーロッパ語族の言語を追いかけていても、ヨーロッパのごく一部しか知らないことを思い知らされる。

言語学コラム 06 言語人口

言語が「大きい」とか「小さい」とかいうのは、その言語人口を基準に判断されることが多い。たくさんの人が話していれば大言語で、人数が少なければ小言語というわけだ。英語は世界の共通語であるとか、中国語が話せれば一〇億人以上と話せるなどというのは、このような言語人口に基づく意見である。

ただし言語人口というのは、それほど分かりやすいものではない。ある言語について記述するとき、何人くらいが話しているのかも明記するようにしばしば求められる。まさか自分で数えるわけにはいかない。仕方がないので、何らかの統計に頼ることになる。

だが、どの統計に基づけばいいのか。

多くの場合は各国政府による国勢調査に従う。なるべく最新データがほしいのだが、そのような大規模な調査がどのくらいの頻度でおこなわれるかは、国によっても違う。統計の取り方もさまざまで、綿密なデータを保有する国もあれば、納税者名簿や選挙人名簿すらアヤシい国だってあるのが現状だ。

複数の国で話されている言語の場合は、さらに複雑なことになる。各国の算出するバラバラな結果を合計したところで、ある言語を使っている人数が自動的に把握できるとは到底思えない。

本書でときどき挙がる言語人口は、常になんらかの統計に基づいたものである。ところが校正者は、別の資料からの数字を示し、どちらにするのか選択を迫ってくる。万全を期していろいろな可能性を指摘してくださるのはありがたいが、こちらはそのたびに山ほどの資料にあたりながら、頭を悩ますことになる。悩んだところで、たいした結果は出ないのだが。

そもそも、「わたしは〇〇語の話者です」というのは、どのようにして確定されるのか。

これは多くの場合、自己申告である。自分が〇〇語を話していると思えば、それで〇〇語の話者なのだ。国によっては、国勢調査に自分は何語の話者であるかを問う項目を含めるところもあると聞く。だが、言語レベルについてまでは測れないだろう。本人ができるといったらできるのである。

国家の属性と民族の属性が違うように、言語の属性もまた別の判断である。この三つが一致する、たとえば日本国の日本人が日本語を話しているというような例のほうが、世界でははるかに珍しいのだ。

だが、この点に関してもいい加減な統計が少なくない。国家と民族の関係もだいぶ怪しいが、それが言語となるとさらに不明瞭である。ときには少数民族は少数言語を話しているという乱暴な結論でまとめてしまうことすらある。

では、どうすればいいのか。

残念ながら解決策はない。言語テストによって判断なんかできるわけないし、そんなことをしたら、たとえば日本語話者と認められない日本人が大量に出現する可能性すらある。そんなことになったら彼らは自分のアイデンティティーを失い、やがて社会は大混乱に陥るだろう。

言語は地域と一致する。これまでの統計はこれを基盤としておこなわれた。人間の移動が限定されていた時代には、それも有効だったかもしれない。だが、現代のように大量の人間と物資が大規模に移動する時代には、この言語と地域の一致という大原則すら、成り立ちにくいのではないだろうか。

本来、言語は個人に帰属するものである。その個人が地域に深く結びついていれば、言語の統計も取りやすい。だが現実はそうではない。現代日本においては、中国人やブラジル人、韓国人やロシア人など、日本語とは違う言語文化を持った人がいくらでも住んでいる。その一方で、パスポートは外国のものでも、日本語でのみ生活している人だって少なくないのだ。

また、一人一言語とも限らない。わたしの個人的な知り合いには、一人で複数の言語を日常的に使用している人がいくらでもいる。また、ある地域ではバイリンガルやマルチリンガルがふつうということもある。そうすると、国の人口と言語人口は一致しないことになるが、そこのところはどうなんだろう。

さらに、個人で一定の言語を獲得した場合は、どのように考えるのだろうか。たとえば知り合いのカーチャさんはロシア人だが、わたしから見ると日本語話者として数えて充分によいと思う。そもそも、わたし自身はどうなんだろう。ロシア語話者に数えてもらえるのだろうか。英語話者としてはどうなるのか。

このように厳密に考えていけば、統計とは矛盾が噴出するものなのである。だから言語人口なんて、あまり当てにしないほうがよい。まあ、日本語話者より英語話者のほうが多いだろうね。せいぜい、これくらいである。

もっとも、この言語人口については、ある種の外国語学習者には非常に気になるようである。とくに話者が一〇億人を超えるアジアの「大言語」を勉強している人にその傾向が強く、たった一〇〇万人しか話していない「小言語」なんて、そんなに少なかったら一生かかっても出合うことがないのではないか、そもそも近い将来に滅んでしまうのではないかと、心配までしてくれるのである。

言語人口が多い「大きい」言語を選んで有利な人生を歩もうなどという発想は、器の「小さい」人間である証拠ではないか。

64 ノルウェー語

わたしの大好きなイギリスのユーモア小説、スー・タウンゼントの *The Secret Diary of Adrian Mole Aged 13 3/4*（邦題は『ぼくのヒ・ミ・ツ日記』武田信子訳、評論社てのり文庫）で、主人公のモール君はこんな日記を書いている。

四月三日　金曜日

今日、地理の試験で満点を取った。そうなんだ！　二十点満点で二十点取れたんだ、すごいだろう！　おまけに、きれいに書けてるってほめられた。ノルウェーの皮革工業に関して、ぼくの知らないことはない。（九五ページ）

すっかり気を良くしたモール君は、その後もノルウェーの皮革工業を何かと心の支えとし、しまいにはノルウェー皮革工業の団体から手紙までもらってしまう。

ノルウェーはヨーロッパの中でもちょっと変わった国だ。近隣諸国とは仲良くしているのに、EU加盟は頑《かたく》なに拒んでいる。でもリレハンメルでオリンピックを開催したりもする。「国民の豊かさ」ランキングなどでは、常に上位を占める。最近日本ではノルウェーサーモンというのがすっかりおなじみになった。

そんなノルウェーの言語であるノルウェー語。言語人口四〇〇万人を超えるくらいの比較的小さな言語なのに、実は標準語が二つある。一つは長年支配を受けたデンマークの言語に、ノルウェー語的な要素を加えようとしたブークモール。もう一つは西ノルウェーの方言を基礎に形成されたニューノシュク。

青木順子『ノルウェー語のしくみ』(白水社)を読んでいたら、ノルウェー切手の図版が二枚あって、国名が一枚はNORGE、もう一枚はNOREGとある。誤植ではない。それぞれブークモールとニューノシュクの綴りだそうだ。両方が書かれていればまだ分かるけれど、切手によって違うなんてどのように使い分けているのだろうか。

モール君がノルウェー皮革工業の団体からもらった手紙はノルウェー語で書かれていた。果たしてブークモールなのか、それともニューノシュクなのか。そもそもイギリス人の彼には読めたのだろうか。

65 ハウサ語

月刊「言語」（大修館書店）は、わたしにとって基本的な雑誌（残念ながら二〇〇九年で休刊）。高校時代から、よく分かりもしないのにときどき買っていた。

その「言語」が一九八二年の五月号と六月号に、創刊一〇周年記念として「外国語のすすめ」という特集を二回にわたって組んだ。各言語とも見開き二ページでまとめられ、簡単なあいさつ表現が紹介される。言語に広く興味のあったわたしは、この特集記事をそれこそ貪《むさぼ》るように読んだ。その中でとくに好きだったのが、西アフリカのナイジェリア北部およびその北隣のニジェール共和国で話されるハウサ語の解説である。

執筆者は松下周二氏。残念ながらいまだに面識のない研究者であるが、このときのハウサ語紹介で、すぐファンになった。文がとにかくおもしろいのである。

はじめは真面目に系統や使用地域、言語人口についての記述。文字について、ハウサ語はアラビア文字による表記もあるが、ラテン文字が基本らしい。だが「ローマ字で書かれたハウサ語の全出版物は、本棚の二段ぐらいにおさまってしまいます」という説明を読んでビックリ。これにはずみがつき、この先はちょっと皮肉な文章が続く。

〔ハウサ語習得の利点〕まったくありません。かたことのハウサ語を喋《しゃべ》ったくらいで、胸襟《きょうきん》を簡単に開いてくれるような甘いハウサは、一人もいないでしょう。「言葉が通じれば、騙《だま》され易い」などというおそろしい諺《ことわざ》もあるくらいです。

こんなことを書いていても、ハウサ語に対する愛情はやっぱり感じられるから不思議だ。他の人の記述が「○○語は明晰な言語です」「△△語は言語人口が多い有力言語です」といった調子の自慢が多い中、松下氏の文はカッコよかった。

印象的だったのは、会話例の説明である。イナー・ルワー？「雨のぐあいはいかがですか？」。注によれば、ハウサ語地域では雨が降るのがよい天気なんだそうである。答えはルワー・ヤーイ・ギャーラー「よいおしめりで」。傑作だ。

こんなおもしろい文を書く松下氏には、ぜひエッセイ集を出してほしいのだが、ハウサ語の辞書や会話集の他は著作がないようだ。残念。

わたしが今のような仕事をするキッカケの一部は、松下氏の影響かもしれない。

66　バシキール語

旧ソ連時代と違い、現在ではロシア連邦内の各民族語教材も豊富になった。

ヒサミトヂノバ『バシキール語』（モスクワ、二〇一一年）は、副題に「集中講座」とある。まえがきによれば、ロシア連邦バシキール共和国にはロシア語とバシキール語の二つの公用語があるのに、バシキール語がイマイチ浸透しておらず、その原因が教材不足にあると指摘する。それまでのバシキール語教科書は文法規則とバラバラな単語ばかり。そこでコミュニケーション主体の入門書を作ったそうだ。なかなか勇ましい。

パラパラとめくれば、はじめにごく簡単な導入部があるものの、第二課からは例文がガンガン挙がる。それもひたすらバシキール語と、それに対応するロシア語が並ぶばかり。文法の説明は確かにまったくない。文法中心主義を批判して作られたとはいえ、これで果たして分かるのか。

この教材のありがたいところは、付属ＣＤがあること。これも旧ソ連時代にはまず考えられなかったことだ。さっそく聴いてみよう。

収録されているのは例文のみ。男声と女声でひたすら読み上げる。その順番は先にバシキール語、それからロシア語。分担はせず、一人で二言語を読み上げるから忙しい。スピードも速く、しかも本には朗読箇所の表示もないのに途中を端折《はしょ》るので、今どこを読んでいるのかときどき分からなくなる。

両言語ともキリル文字で書き表すから、これまたどっちの言語か分からなくなる。「これ」というのはバシキール語でブィルというらしいが、それがロシア語の「だった」を表す連辞の過去形に見えて、一瞬混乱する。「これはパンクです」「これはハッカーです」といった例文は、いったい何を目的としたものなのか。

いやいやその前に、よく見ればロシア語の句読法がおかしいではないか。不要なところにダッシュが入っている。録音にしても、男声で女性が主語の例文が読まれていたりする。それでいいのか。

だが不思議なことに、よく理解できるのである。チュルク系のバシキール語とスラブ系のロシア語では、言語構造もまったく違うはずなのに、多くの例文を聴きながら文字を眺めているうちに、なんとなく輪郭が把握できる気がするのだ。

バシキール語教育はここまできたか。

67　パシュトー語

パシュトー語はアフガニスタンという、二〇世紀末あたりから世界的に「ヤバイ」と思われてしまった不幸な国の言語である。一九三六年以降ずっと公用語の地位を保ってきたのであるが、わたしはこのパシュトー語について、例によって何も知らない。パシュトー語はインド・ヨーロッパ語族であるという。なんだか意外に感じる。だが、意外に感じるのは無知な証拠。この言語はイラン語派に属し、この語派には他にペルシア語、クルド語、オセット語などがある。オセット語は旧ソ連カフカスの一部地域言語。旧ソ連はアフガニスタンと国境を接していたから、すぐに侵攻できたのである。

アフガニスタンだけでなく、パキスタンにもパシュトー語話者がいるという。パキスタンの話者は約一一〇〇万人、アフガニスタンもほぼ同数。ということは合わせて約二二〇〇万人。やっぱりアジアの言語人口は桁《けた》が違う。

方言が二つあって、そのうちの一つの中心がパキスタンのペシャワール、もう一つがアフガニスタンのカンダハール。ニュースでおなじみの地名が出てきた。このうち、ペシャワールは「固い」方言で、カンダハールは「柔らかい」方言という。固いか柔らかいかは印象で、たとえばペシャワールの「フ」「グ」「ス」がカンダハールの「シュ」「ジュ」「ツ」に対応するそうだ。ということは、「フ」「グ」「ス」が固くて、「シュ」「ジュ」「ツ」が柔らかいということになる。さて、分かりますか？

概説書を読んでいくと、「過去時制にはいわゆる能格現象が見られます」とある。能格というのはグルジア語やチベット語でも出てきた。自動詞文の主語と他動詞文の目的語が同じ形になると、その他動詞文の主語が能格という独特な形をとる現象である。その能格があるなんて、言語学的には魅力満載ではないか。

ついでだが、次に紹介するバスク語も能格を持つことで有名だ。アフガニスタン、グルジア、そしてバスク地方。なんだかもめている地域ばかりという気がする。

能格地域に平和を！

68 バスク語

一九八八年、本郷にある大学の露文科に学士入学をした。入ってみれば、露文科の他にもそれぞれの学科でオモシロそうな授業がいろいろ開講されていて、嬉しくなった。中でも言語学科は、わたしにとってすべての科目を履修したくなるくらい興味深かった。とはいえ露文科にも必修科目があり、よその学科に出てばかりもいられない。なんとか空き時間を見つけていくつか取ってみたのだが、その中にバスク語があった。

そう、バスク語は勉強したことがあるのだ！

バスク語文法の概説でもするのかなあというこちらの予想に反して、授業はきわめて実践的なものであった。ふつうの外国語の授業と同じように、語彙を覚え、文を組み立てる練習をするのである。最後には短いスキットを暗誦《あんしょう》して、そうそう、在日バスク人が集まるバスク祭に出かけたっけ。とはいえ、この言語については見事なまでに忘れている。大袈裟《おおげさ》でもなんでもなく、いまこうして目をつぶって思考を集中させても、バスク語の単語が一つも浮かんでこない。

バスク語に興味を持ったのは、この系統不明の不思議な言語に能格があったからである。能格とは何か。何回説明されても、これがなかなか難しい。言語学辞典の定義によれば、能格とは他動詞文で示される行為の主体を表すかたちなのだが、このような能格を持つ言語では、行為の目的対象は自動詞文で示される行為の主体すなわち主格と同じかたちで表されるのである。さて、お分かりだろうか。当時のわたしにはチンプンカンプンであった。こういうときは実際に勉強してみるのがいちばん。そう思って授業に出席したのだが、半年では能格を捉えるところまではいかなかった。

バスク語の魅力は能格構文だけではない。この言語、スペイン側で約六〇万人、フランス側で約一〇万人というとても小さな言語なのだが、世界に散らばっていったバスク人には経済的に成功している人が少なくなく、その寄付金で夏期バスク語講座が開かれていると聞いた。勉強する環境は整っている。さらにバスクはグルメな土地柄。言語以外にも楽しそうではないか。

完全に忘れてしまったバスク語だが、それに費やした時間が無駄だったとは微塵《みじん》も思っていない。外国語はかじってみるだけで、いろいろなキッカケになるのだから。

69 ハワイ語

言語学の授業で、一年生のYくんは元気なリアクションペーパーを書いてくれた。

「今、目標があります。それはハワイ語の研究者になること。このことを友人に話したら、え？　ハワイ語やんの？　古典やってどーすんのっていわれました。確かに今ハワイ語を使用している人は少ないでしょう。でも黒田先生が授業中に指摘されたように、古いことばができるって大切なことだし、ハワイ先住民の子孫たちと仲良くなれるじゃないですか。どうお考えですか」

確かに古典語の重要さについては、授業で常々強調している。だがハワイ語については、わたし自身が何も知らない。書棚を眺めても、参考書が一冊もない。そこで文法書や辞書はないものかと、ネット書店で調べてみた。やはりいろいろと出版されている。かなり大部な研究書らしきものもある。その中から二冊ほど見繕って注文してみた。

一冊は Andrews L. *Grammar of the Hawaiian Language* だが、ページを開いて驚

いた。新品にもかかわらず、文字がほとんどかすれている。出版年を見れば一八五四年とある。いったいどうしてそんな古いものがまだ出ているのか。

ハワイ語はポリネシア語派というオーストロネシア語族の一分派で、一八世紀のキャプテン・クックの頃には推定三〇万人が話していたらしいが、現在では母語とする人も限られ、意思疎通のできる人も二〇〇〇人ほどという。かなり少ないが、「古典」というわけではないらしい。ハワイ語の辞書については四冊が紹介されているが、その一冊が先ほどのアンドリューズのものだった。どうやら文法書も合わせて、古いとはいえ基本文献らしい。だが大学一年生のYくんに薦めるには向いていない。

わたしが買い求めたもう一冊は、Pukui, M. K., Elbert, S. H. *New Pocket Hawaiian Dictionary with a Concise Grammar and Given Names in Hawaiian* で、これも基本図書らしい。全部で二五〇ページほど、ペーパーバックで手軽だし、安価で、とくに最後の簡易文法がよさそうだ。

ということでYくん、まずはこの本を手に入れて読んでみたらどうかな。日本語による参考書もあるけれど、英米語専攻なんだから、まずはこのハワイ語簡易文法を読んで、できれば日本語に訳してみようよ。そうすれば、たとえ途中で終わったとしても、君にとって決して無駄にはならないはずだから。

70 ハンガリー語

黒田さんは東欧の言語にお詳しいようですね。では、ハンガリー語もお分かりになるのですか。

このような質問をよく受ける。お答えしよう。いえ、まったくできません。

いわゆる東欧地域の言語でも、わたしが勉強してきたのはスラブ系だけである。ベルリンの壁崩壊前の国名でいえば、ポーランド、チェコスロバキア、ブルガリア、ユーゴスラビアの諸言語に限定される。ハンガリーはスラブ系ではない。

他の東欧諸国の言語となると、ほとんど分からない。スラブ系でない東欧の言語としては、他にルーマニア語やアルバニア語があるのだが、これらはインド・ヨーロッパ語族なので、たまには見当のつく単語もあるのではと期待ができる。だが、ハンガリー語はウラル語族に属し、そんな期待すら持てない。

それでも、東欧というだけで親しみを感じていることは確かかもしれない。居間にかけていた二〇〇七年のカレンダーは、ハンガリーの絵本作家マレク・ベロニカのものだった。絵本『ラチとらいおん』（邦訳は福音館書店）のイラストが一二カ月を飾るかわいいカレンダーで、ときどき絵本からのセリフがあるのだが、これがすべてハンガリー語。らいおんが体操をしながらかけ声をかけている三月のイラストには「エジュ、ケッテー、ハーロム！」とある。もちろん「1、2、3！」なのだろうが、たとえば順番を入れ替えられたら、分からなくなってしまう。「ネパール語」のところで、ヨーロッパから遠いネパール語の数詞は想像できると書いたが、それと比べても大違い。

スラブ圏でもハンガリー語と出合うことがときどきある。スロバキアでハンガリー語はかつて支配層の言語だったし、今でもそれなりに浸透している。首都ブラチスラバの書店にはハンガリー語書籍コーナーがあるし、古本屋ではハンガリー語が読めないと一人前に扱われないと聞いた。またスロベニアでは、ハンガリー語が少数言語として認められており、北東部では教育も受けられるし、テレビやラジオの放送もある。

だからスラブ言語学者だって、ハンガリー語を勉強したほうがいい。でも、なかなかそこまで手が回らない。

71 パンジャーブ語

外国語の人気・不人気はどうにも仕方がない。ある言語の入門書がどんなによくできていても、その言語がマイナーならば売れない。こういうとき、著者はとても悲しい。わたしにも経験がある。

ある出版社より外国語入門シリーズが出版された。四〇を超える言語が同じ規準で勉強できるのは、すばらしいことである。だがシリーズは同じでも、売れ行きは同じではない。何度も版を重ねる言語がある一方で、なかなか売れない言語も出てきてしまう。そのシリーズでは、もっとも売れなかったのがパンジャーブ語だったという。付属音源がテープからCDに替わるときも、パンジャーブ語はそのまま。著者も残念に思っていたに違いない。

パンジャーブ語はインドからパキスタンに分布する言語である。話者人口は七〇〇〇万人を超え、言語人口ランキング二〇位内に必ず入るくらいの有力言語だ。インドは言語の宝庫。わたしたちになじみのない数々の言語が、数千万人単位で話されている。しかし、人口の多さと学習者の数は比例しない。

パンジャーブ語はパキスタンとインドで文字が違う。パキスタンではウルドゥー文字、すなわちペルシア文字というか、アラビア文字にいくつか加えたもので書き表される。一方インドではグルムキー文字という、インド系の独自文字を使う。かつてのセルビア・クロアチア語を思い出させる。

本を読んでいたら、おもしろいエピソードに出合った。一九七〇年代のこと、駐英大使館の通訳官を務めるインド人が、ロンドンで開かれた世界ロマ会議で初めてロマ語に接した。その人はパンジャーブ語の母語話者だったが、ロマ語とよく似ていることに驚き、それをきっかけに研究をはじめたという。ロマの祖先がインド北西部を後にしてヨーロッパに向かった時期と、パンジャーブ語が形成される時期は一致する。さてさて、これから何が解明されることやら。

もっともわたしには、オーブン焼きを意味するタンドリー料理はパンジャーブが発祥であるというほうが興味深い。

探せばこんなにもおもしろそうなエピソードがあるのに、入門書の売れないのが悔しい。

72 ヒナルク語

柴田武編『世界のことば小事典』(大修館書店)には、「ヒナルク語」の項目がある。わたしにとって馴染みのない言語なので調べたところ、ヒナルク語はカフカスの言語で、アゼルバイジャンの小さな村で話されているという。

不思議なのは執筆者が故・千野栄一先生ということ。スラビストである千野先生が、どうしてヒナルク語を担当したのか。

そういうときは『言語学大辞典』(三省堂)を引く。するとここでも、千野先生が別の研究者と共同で執筆している。よほど興味があったらしい。

記述の中に、マールという名前を見つけた。ヒナルク語はこのソビエトの言語学者が関係しているようだ。千野先生の興味はここだろうか。

マールは独特な言語論を展開し、スターリン時代に脚光を浴びた。なんでも世界のあらゆる言語は四つの基本要素であるsal, ber, jon, roshから成立したという。これだけで充分に胡散臭い。

今ではマールの理論は間違ったものとして否定されている。ただ、マールはカフカスの言語についてもいろいろな論文を発表していて、それも間違っているかどうかは、専門外だからよくは分からない。

そもそもヒナルク語について、研究はどれくらいあるか。『世界の言語――カフカス諸語編』（モスクワ・一九九九年）のヒナルク語の項には、一九もの参考文献が挙がっていた。新しいものも多い。意外だ。

他の文献目録と比べてみると、まとまった研究の中でもっとも古いのはデシェリエフの『ヒナルク語文法』らしい。出版年は一九五九年。ソビエトが国内の諸言語の記述に熱心だった時期である。ヨーロッパの古書店に、この『ヒナルク語文法』が一冊だけあり、欲しくなって買ってしまった。これだから蔵書が増える。

ワクワクと概説を読む。ヒナルクの人口やヒナルク語話者の数は、データによってずいぶん違うが、『ヒナルク語文法』ではこの本が出たときの村の人口を、七〇〇から八〇〇人としている。一方、この『ヒナルク語文法』の発行部数は一五〇〇部。村人の数のおよそ倍ということになる。人口比で考えれば、ずいぶん多いのではないか。べつに人口比で考える必要はないのだが。

73 ビルマ語

矢崎源九郎先生という言語学者がいた。「先生」と呼びたいのは、大学院時代の指導教官であった栗原成郎《しげお》先生の恩師だからである。栗原先生は東京教育大学で矢崎先生から言語学を習ったそうだ。矢崎先生の息子さんは現在、俳優として活躍中である。

矢崎先生はだいぶ前に亡くなっているが、そのお名前はいまでも書店でときどき目にする。まず、なんといっても多いのが童話の翻訳。デ・アミーチスやコッローディといったイタリア語からのものもあれば、アンデルセンやイプセンといった北欧諸語からのものもある。それだけでわたしの目は釘付け。イタリアと北欧、なんというすばらしい、そして珍しい組み合わせであろうか。もちろん言語学関係の著作もあり、中でも岩波新書の『日本の外来語』は、すでに絶版とはいえ古書店などでよく見かける。

この矢崎先生がビルマ語を教えていたことは、つい最近になって聞いた。詳しく知りたくなって調べてみたのだが、よく分からない。ただ、戦前に大阪外国語大学の前身でビルマ語を教えるたった一人の専任教官であったらしい。

どうしてビルマ語なんだろうか。

著作として唯一見つけたのが、慶應義塾大学語学研究所編『世界の言葉——何を学ぶべきか』。これは西脇順三郎が中心となって昭和一八年に発行されたものだが、世界三〇言語を紹介しているこの本の中で、「ビルマ語」を執筆しているのが矢崎先生だった。

たった一一ページの短い紹介なのだが、これがよくまとまっている。まず、それまでの通説であった中国語に近い孤立語タイプであることに疑問を投げかける。さらに格助詞の用法を説明し、形容詞の語順について新たに考察しているのである。これは当時としては、なかなか画期的な解釈だったのではなかろうか。ただ、これ以外の著作は『世界言語概説』(研究社)の記述を除いてほとんど見つからず、またわたし自身がビルマ語を知らないため、捜索はここで行き詰まってしまった。

本当の言語学者は、世界のいろいろな言語に目を配る。イタリアや北欧といった、ヨーロッパ諸語だけではなく、ビルマ語を教えるほど知識のあった矢崎源九郎先生は、いったいどんな言語観を持っていたのだろうか。

74 ヒンディー語

日本語の慣習として、言語はヒンディーだが、宗教はヒンドゥーあるいはヒンズーである。これが逆になっていたりすると、わたしはなんとなく落ち着かない。とはいえ、使い分ける理由については知らない。

ヒンディー語では「こんにちは」の挨拶を「ナマスカール」あるいは「ナマステー」という。ただしこれはヒンドゥー教徒のつかう表現で、イスラーム教徒は「アッサラーム・アレークム」というらしい。複雑だ。

いろいろな宗教が混在する中で、ヒンドゥー教徒はインド人口の約八割を占めるという。だが、インドは日本人にとってお釈迦さまの生誕地。「ナマスカール」「ナマステー」の「ナマス」は、「南無阿弥陀仏」の「南無」に関係するそうだけど、では仏教とヒンドゥー教はどういう関係になっているのかといえば、わたしは何も分かっていない。

さて、言語はどうか。

インドは英語の通じる国。このイメージが強すぎる。インド英語はクセがあることで有名だけれども、とにかく英語は英語。なんとかなりそうな気がしてしまうところがいけない。インド投資ブームが起きても、それにともなって新たな外国語学習ブームが起きる兆しは、残念ながらまったく見えない。インドを目指すならヒンディー語という発想が、どうしてないのだろうか。

理由が考えられないわけではない。多民族国家インドにおいて、ヒンディー語の通じる地域は実のところ限られている。ヒンディー語は英語に次ぐ地位を占めていないのだ。これは外国語学習の動機として、大問題である。せっかくインドの言語としてヒンディー語を学んだとしても、通じる地域が限られているのだったら、やる気も半減となってしまう。

それでも、ヒンディー語を紹介した入門書や会話集などを読めば、インドを知るためにヒンディー語の学習を薦めている。北インドでは便宜的な共通のことばとして、ヒンディー語が使われる。南インドでも聖地や観光地では北インドからの旅行者がいるから、その人たちと話ができる。後者については、なんだかイマイチ納得がいかないけれど。

とにかく、ヒンディー語で使うナーガリー文字が読み書きできたら、すてきだよね。

75　フィリピン語

知人がサウジアラビアに出かけ、お土産に現地の英字新聞をくれた。同じ英語とはいえ、見出しにはわたしには見慣れぬ地名や人名が並ぶ。それを興味深く眺めていたのだが、知人は「おもしろいのは真ん中のページです」という。開いてみれば、そこには付属記号のないラテン文字が並ぶのだが、英語でないことは明らか。知人によればフィリピンの言語らしい。「今、中東にはフィリピンからの家政婦が多くて、そういう人向けの故郷の情報なんじゃないですかね」

そういわれて再び眺めれば、記事は Maynila 発が多く、調べてみれば予測どおり、これは首都マニラのことであった。

それにしても、この言語の名称はなんというのだろうか。東南アジアに疎《うと》いわたしには、「タガログ語」「ピリピノ語」「フィリピノ語」「フィリピン語」の違いが分からない。そこで改めて調べてみる。

まずタガログ語。これはルソン島南部に住むタガログ人の言語。一九世紀末に国語を制定する際、政治的にも優位にあるこの地域の言語が、新しい国語の基礎に選ばれた。『世界の言語ガイドブック2』（三省堂）によれば、タガログ語は一九三七年に「国語ピリピーノの基盤」と規定されたそうである。「基盤」って何だ？　一方『言語学大辞典』（同）によれば、一九五九年に文部省令で国語の名称をタガログ語からピリピノ語に変更したとある。じゃあタガログ語＝ピリピノ語なのか。

このようなタガログ語中心主義を薄め、国内のコミュニケーションの手段として作られたのがフィリピノ語である。一九七一年の新憲法で登場し、さらにアキノ政権になった一九八七年の憲法で、このフィリピノ語がますます強力に推し進められることになった。名称こそ違うものの、タガログ語の母語話者に優位な言語であることには違いない。多言語国家フィリピンとしては、当然不満が残る。一方、タガログ語の母語話者は人口の二〇パーセントに過ぎないのに、学校で教えられ、テレビ番組が流され、国民の九割が理解するという。

ではフィリピン語とは何かといえば、これは東京外国語大学の専攻名である。複雑な経緯を考えれば、このような中庸の策も納得がいく。

名称はともかく、サウジアラビアの家政婦が故郷を懐かしむと思われるこの新聞は、新しい多言語空間を感じさせてくれる。

76　フィンランド語

高校を卒業して進路を決める頃、できることならフィンランド語の専門家になりたいと夢想していた。

きっかけは稲垣美晴『フィンランド語は猫の言葉』（文化出版局、のちに講談社文庫）。この本が大好きなことは、これまでにもあちこちで書いてきた。多くの人が目指さない国に留学して、一生懸命に言語を勉強する。その姿に強い憧れを持った。

この留学記の特徴は、言語学習の過程を詳しく紹介していることである。当時のわたしは海外で勉強することを目指して、いろいろな留学記を読んでみたのだが、その多くは現地での生活や人間関係は詳細に記述しても、言語学習そのものについてはほとんど触れていない。これは現在でも変わりなく、本当に勉強しに行ったのかと勘ぐりたくなるほどだ。

だがこの『フィンランド語は猫の言葉』では、「フィンランド語の文法」「フィンランド語の方言」「フィンランド語の古文」といったテーマが、エッセイのかたちで取り上げられている。このようなテーマがエッセイになるというだけでも、わたしにとっては大きな衝撃だった。ワクワクしながら読んだことは、いうまでもない。

こうしてすっかり影響された結果、フィンランド語を勉強したくなったのである。思えば単純な高校生だった。だが一九八〇年代初頭の日本には、フィンランド語の教材などほとんど出版されていなかった。唯一手に入ったのが、尾崎義『フィンランド語四週間』（大学書林）。これはその時代背景を考えるとたいへんな力作なのだが、高校生にとってはとても歯が立たない。難解過ぎる文法用語に、あっけなく挫折した。

専門家への道はあきらめたけれど、フィンランド語のことはずっと気になっていて、新しい教材が出れば必ず目を通している。今ではやさしい入門書がたくさんあるし、現地に留学する人も増えている。時代は変わったのだ。

『フィンランド語は猫の言葉』は二〇〇八年に猫の言葉社より新装版が出た。それが著者の稲垣さんより送られてきた。あとがきにはわたしへの謝辞まであるではないか！

高校時代の憧れが、夢想とは違うかたちではあるけれど、小さな実を結んだ。ことばと付き合っていると、こんなにも嬉しいことがある。

77 フランス語

フランス語教師が好むことば。

「明晰でないものはフランス語ではない」

リヴァロルが『フランス語の世界性について』(一七八四年)という著書の中でこう述べたそうだ。ある解説によると、リヴァロルはフランス語の特徴が論理性にあると考え、それを支えるのがシンタクスすなわち統語論で、だからフランス語が論理的なのだという。

さっぱり分からない。

どうして統語論に支えられていると論理的なのだろうか。形態論すなわち語尾が変化したり、接尾辞が続いたりするのではダメだという理由が思いつかない。そもそも、統語論に支えられていない言語なんて、存在するなら見てみたい。

まあ、二〇〇年以上も前の意見だし、それに突っ込みを入れても仕方があるまい。文脈もよく分からないし、ことばだけが独り歩きしていることだってありうる。

さて、最近ある本を読んでいたら、「フランス語は明晰な言語か？」という項目を見つけた。ははあ、やっぱりフランス語の先生だって疑問を感じているのだと納得していたら、「しかしながら、フランス語の明晰性はけっしてフランス人のひとりよがりではなく、世界的に定評のあるところです」とあってビックリした。それに続くのはフランス語がどんなに明晰かという自慢話みたいなもので、完全に読む気をなくす。

あんまり自慢話をされると、意地悪なことを考えてしまう。たとえば、フランス語について一般にいわれているのは、基礎語彙が少ないということで、ある統計によれば、基本語一〇六九語で実に八二〜八六パーセントを占めるそうだ。ということは、基礎語彙が多義性を持っていることになる。それって明晰？

また言語学の辞典を調べてみたら、異形同音異義語が多いのもフランス語の特徴だとあった。歴史的な関係から、そうなってしまうこともあるだろう。でも、それって明晰？

どんな言語でも、非常に厳格で明晰なところと、あいまいなところがあるというのが、普通なんじゃないかなあ。

もっと肩の力を抜いてはいかが？

78 フリースランド語

二〇〇七年三月いっぱいで大学を辞めた。それまで気づかなかったのだが、困るのは肩書きのないことだった。たとえば出版社に電話をかけるとき、「〇〇大学の黒田です」というのが使えない。これは雑誌やメールマガジンにエッセイを発表するときも同じ。どうしようかと悩んでいたら、さる編集者が「フリーランス語学教師というのはどうでしょう」と提案してくれた。これがなんだかとても気に入って、以来よく使っている。

だが「フリーランス」と「語学教師」という語結合はふつう聞かない。「フリーランス語学教師」という字面を見ていると、「フランス語教師」に似ている。いや、なんだか「フリーランス語」という言語があるような気さえしてしまう。そんな言語はないが、フリースランド語というのはあったはず。そこで調べてみた。

フリースランド語はフリジア語ともいう。ゲルマン語派に属し、オランダからドイツにかけて分布する小さな言語である。これがさらに西、東、北に分かれる。

フリースランド語はゲルマン語派の中で英語にもっとも近い。ただし現在では長年の言語接触の結果、オランダ語やドイツ語に似てきているという。いずれにせよ、英語と何らかの関係を保っているところが、フリーランス語学教師に通じる。

オランダ北部にはフリースラント州（こちらは最後が「ト」と表記される）があり、ここが西フリースランド語の中心である。使用人口は約四〇万人、全員がオランダ語とのバイリンガルだが、郷土愛に支えられて今のところ消滅の危機はないそうだ。小学校でも教育されているし、法廷でも使用が認められている。しっかりと生き残ろうとする意欲は、フリーランス語学教師とも共通する。

残りのうち、東フリースランド語はドイツのザーターラントで二〇〇〇人ほど、またデンマークに近い北フリースランド語は五〇〇〇から一万人のみと、非常に小規模だ。こういうさらに小さい言語のことも忘れないことが、フリーランス語学教師の精神に繋がる。

こんなにささやかなフリースランド語だが、学問的水準は決して低くない。一九七一年に出版されたオランダ語との対訳辞典は約一〇〇〇ページを誇る。このような態度も、フリーランス語学教師にとっては、やはり見習うべきお手本のような気がするのである。

79　ブルガリア語

ブルガリアが大好きだ。旅行するのに、あんな楽しい国はない。食べ物はおいしいし、本は安いし、おまけにことばも「なんとなく」通じる。

通じるといっても、ブルガリア語がきちんと話せるわけではない。それどころか、まともに勉強したことすらない。入門書や文法書を少し眺めただけ。それでもロシア語をはじめとするスラブ諸語の知識があると、だいたい分かってしまう。ちゃんと学習していないから気楽であり、大胆にもなれる。

それでも現地に赴《おもむ》けば、言語学者としてブルガリア語を注意深く観察する努力を怠らない。たとえばレストランに入る。メニューを解読して、正しく注文し、食事を済ませ、お勘定を頼むことになったのだが、さて何といったものだか分からない。ジェスチャーでもナントカなるだろうが、ここはブルガリア語で伝えたい。辞書を引いてみると、勘定書きは「スメートカ」とあった。そこでウエイターにこれを告げると、相手はちょっと考えてから、こういった。「スメートカ・タ！」

最後に「タ」がついているのは、ブルガリア語の限定詞である。この限定詞は後置冠詞とも呼ばれ、バルカン**言語連合**（コラム07参照）で共通に見られる現象だ。わたしがいま食べた物の名前とその値段が記載されている勘定書きは、世界に一枚であり、限定されている。英語なら the がつくところだが、ブルガリア語では**名詞の性**（コラム05参照）に注意しながら、こういう短いものを語の後につけるのである。文法書どおりであることを再確認して、感動する。

さて、いくら食べ物がおいしくても、毎日レストランでは胃にもたれる。そこでホテル近くのコンビニで、軽食とワインを買って部屋で済ませることも多くなる。ブルガリアはコンビニでも食べ物がおいしい。

ホテル近くのコンビニの奥にはデリカテッセンコーナーがあり、対面式でパイやサラダを買うことができる。わたしが好きなのはサルマというブルガリア風ロールキャベツ。覚えた知識を応用しつつ、大胆に注文をする。

「サルマ・タ」

……ん？

言語学コラム 07　言語連合

言語の変化は、比較言語学によってのみ説明されるのではない。系統以外にも、言語はさまざまな要因によって変化を被る。ときには「ご近所さん」から影響を受けることだって考えられるのだ。

有名な例がバルカン半島である。アルバニア語、ブルガリア語、マケドニア語、ルーマニア語、ギリシア語などは、長い間にわたる接触の結果、後置冠詞を共通に持つようになった。

なんだ、結局インド・ヨーロッパ語族じゃん。所詮は遠くても親戚でしょ。

だが、そのような関係による類似とは少々異なる。その証拠に、ルーマニア語以外のロマンス系言語には後置冠詞がないし、ブルガリア語とマケドニア語以外のスラブ諸語にもない。隣接したこの地域の言語群だけが、このような共通した特徴を持っているのである。これを言語連合、あるいは言語同盟という。

言語連合は言語学者トルベツコイが提唱した。文法や音韻は似ているけれど、系統だった音韻対応や変化語尾の形が一致しない言語群は、語族とは別ではないか。トルベツコイがこの説を発表したのが一九二八年。そろそろ比較言語学ブームも一段落して、それ以外の関係も考えるようになっていたのか。

かつてこのバルカン言語連合について、専門家の講演を聴いたことがあるのだが、非常に難しかった。英語でおこなわれたのもさることながら、こちらの言語知識がついていかない。わたしに見当がつくのはブルガリア語とマケドニア語くらいで、アルバニア語やギリシア語になるともう分からない。そもそもルーマニア語のほかに、ア・ルーマニア語という言語があることを、そのときはじめて知った。これはよっぽどの秀才でなければ追究できないのではないか。

ただし、言語連合はバルカン半島だけではない。インド南部のクプワル言語連合の場合、インド・アーリア系のウルドゥー語とマラーティー語に加え、系統のまったく違うドラビダ語族のカンナダ語とテルグ語までが、このような現象を起こす。これぞ「ご近所の力」なのである。

何もかもが親族関係のみから説明できるわけではない。これは人間でも同じ。

かつては生まれ育った村落共同体から、一歩も外へ出ないで生活するような時代もあった。もちろん、いまは違う。計算できるかどうか知らないが、寿命が延びたことを差し引いても、人間が生涯に出会う人数は増えているのではないかと想像する。

ところが、反対に隣近所の住人の顔さえ知らない人も増えているという。とくに都会はそうで、会っても挨拶を交わす程度。人によってはこれがとても淋しいらしい。

わたしは東京の中心部に住んでいるが、マンションの隣人についてはやっぱり何も知らない。そもそも隣は税理士事務所なので、住人とは少し違う。確定申告の時期には人がたくさん出入りしており、ふだんより忙しそうに見える。だからといって、申告書の書き方を教えてもらったりはしない。会えば「こんにちは」というくらい。それが心地よい。

近所だけでなく、親戚ともほとんど付き合わない。甥や姪にもほとんど会ったことがない。冠婚葬祭で呼び出されることもめったになく、親でさえ年に一回会うかどうか。典型的な親不孝である。

しかし同じことが言語についてもいえるのではないか。情報が地球規模で飛び回る時代なのだ。「親戚」や「地域」だけから影響を受けているはずがない。言語が変化していくパターンは、さらに新たな現象を見せることも期待される。「親戚」や「地域」から影響を受けない言語があってもいい。少なくとも「親不孝」や「村八分」ではないはず。

言語学コラム 08

言語地図

ある地域で話されている言語について、その音や語彙、場合によっては文法などの違いを地図の上で表したもの。ふつうは方言調査の結果などをまとめるのに用いる。

それほど専門的ではないにしても、たとえば英語がどこで話されているか、フランス語は、スペイン語はどうかといったことを、世界地図に表したものもある。多くの場合、カラフルに色分けしてあり、これだと言語の分布が一目瞭然である。

だから危険なのだ。

たとえばラテンアメリカ。メキシコ以南はブラジルを除いてスペイン語色に塗ってあるが、それでいいのだろうか。ガイアナの英語や、スリナムのオランダ語が吹っ飛んでしまいそうだし、そもそも先住民の言語がこれでは表せない。これはロシアにしても、中国にしても、いや世界のどの部分をとってもそうではないか。

だいたいが分かればいいのだ、という。だがその「だいたい」が、複雑な世界を単純化して、少数を切り捨てる思想を育てる。それをわたしは危惧しているのだ。

80 ベトナム語

いちばんはじめに入学した大学では史学科に所属していたのだが、そのときなんの気まぐれか、「ベトナム・キリスト教布教史」というたいへん特殊な講義を聴講した。受講生も当然少なくて、わたしを含めて五人。一人が休めば欠席率二〇パーセントである。

詳しい内容はまったく覚えていないが、ベトナムにおけるキリスト教布教にはパターンがあった。まず、台風で宣教師が漂着する。地元の支配者ははじめのうちこそ手厚く保護するものの、勢力を伸ばしてくると迫害を始め、ついには追放してしまう。そんなことの繰り返しだったような記憶がある。本当に自信がないのだけれど。

この講義の担当講師は、まだ若い男性で、授業よりも自分のベトナム滞在体験を話してくれるときのほうがずっと熱が入り、こちらはそれが楽しみだった。

もう一つ特徴的だったのが、黒板に板書するときに、ベトナム語をしばしば書いたこと。地名や人名は当然だが、他にもキーワードやテーマをベトナム語で示した。受講生はみんなこれを写していたが、わたしはこの作業が大好きだった。

ベトナム語はラテン文字を用いて書き表す。だがベトナム語に必要な音や声調を示すために、付属記号がつけられる。これを見よう見まねで書いていく。dに横棒を加えたり、oにアポストロフィを加えたりして、いったいどんな音なんだろうと想像していた。

友人のベトナム語教師は「大学のインドシナ科に入学するとき、ベトナム語、タイ語、ビルマ語のうちから、文字が分かりやすいベトナム語を選んだ」と笑うが、ベトナム語の文字もやはり独特の表情がある。それにしても、文字ってそんなに恐怖なのかな。

もっとも、人のことばかりはいえない。わたしにとって恐怖は声調。ベトナム語は六種類もあって、これを使いこなしている友人は尊敬に値する。もちろん、ベトナム語は声調があるからこそ耳に心地よく、ベトナム語の教材CDを流すのは、音楽を聴いているのと同じくらい気分がいいのである。

81　ヘブライ語

東京・銀座の教文館という書店には、キリスト教関係の洋書コーナーがある。中でも聖書はいろんな言語が充実していて、学生から院生の頃にはよく通っては眺めていた。

古代スラブ語や中世ロシア語でキリスト教文献を読むため、スラブ系の言語による聖書を手に入れるのが目的だったのだが、他の言語訳だってパラパラとページを捲《めく》りたくなる。中でも、なんといっても貫禄があるのが、旧約聖書のオリジナル言語であるヘブライ語だ。

貫禄の理由は文字の美しさ。全体的に四角いが、角がとれて丸みを帯びた文字が右から左に並び、全体として美しい調和を形成する。さすが、聖書の言語。

とはいうものの、聖書が書かれた古代ヘブライ語だけがヘブライ語なのではない。現代ヘブライ語もある。イスラエルでは今でも日常で使われているこの言語は、奇跡によって蘇った。それもある一人の努力からはじまっているのだ。

言語は時として滅びる運命をたどってしまう。優れた古典文学を残しながらも、消失してしまった言語は珍しくない。放っておけばヘブライ語もそうなるはずだった。

ところが聖書の言語に閉じ込められてしまっていたヘブライ語は、ベン・イェフダという超人によって、二〇世紀になって再び命を与えられる。彼は極貧の中で、あらゆる能力をヘブライ語復活に傾けた。多くの人の無理解にも負けず、ついには現代語として使用に堪《た》えるまでになったのである。このような例は、他に聞いたことがない。

復活秘話も感動的だが、聖書の言語としてのヘブライ語も捨てがたい。ユダヤ人には文字を大切にする伝統があり、美しい本に美しい文字を残してきた。ヨーロッパではちょっと気をつけてみれば、ヘブライ文字を随所に見つけることができる。とくにプラハは多い。ユダヤのシナゴーグで、ヘブライ文字をデザインした絵葉書を買った。美しいデザインに見入りながら、せめてこの文字が拾い読みできたらなあと想像する。

ふと思ったのだが、聖書に「現代」ヘブライ語訳というのはあるのだろうか?

82 ベラルーシ語

ベラルーシ語は奇妙な言語である。

かつていくら探しても入門書が見つからなかった。概説書には例文や会話が少しばかり載っていたが、いわゆる外国人向け教科書がないとは不思議だ（最近は少しずつ出てきた）。

さらに不思議なのは、誰も話していないことである。ベラルーシ共和国の首都ミンスクに、ベラルーシ語の初級講座を受けるために三週間滞在した。大学の授業中はもちろんベラルーシ語。でも、街中へ出かけたら使うチャンスがない。みんなロシア語を話している。がんばってベラルーシ語で話しかけてみたところで、冷たい視線を投げかけられるばかり。

遠足で地方に出かけると、少しはベラルーシ語を話す人がいた。ベラルーシの偉大な詩人ヤクプ・コーラスの生家博物館では、案内人のおばさんがベラルーシ語で説明をする。こちらが片言のベラルーシ語を使ってみると、目を細めて喜んでくれる。

だが待てよ。この案内人のおばさんが話すベラルーシ語って、授業で習ったのとはずいぶん違う。地方だから方言なのだろうか。じゃあ、標準ベラルーシ語っていうのは、いったい誰がどこで話しているんだ？

いろいろ調べているうちに分かったのは、どうやらベラルーシ人は、ロシア語とベラルーシ語が混ざり合った、混成言語を話しているということである。この混成言語をトラシャンカという。本来は家畜用の飼料のことで、藁《わら》に干草を混ぜて家畜が食べやすいようにしたものだが、ベラルーシ語とロシア語の混ざったことばに対しても、自嘲的にこういうのだ。とにかく、これならロシア語の方言を話しているともいえるし、ベラルーシ語の方言を話しているともいえる。政治的に不安定であるこの地域に打ってつけであり、情勢に応じて都合のよいほうを母語だと主張できる、玉虫色の言語なのだ。

そんなベラルーシ語の語彙集を出版したことがある。会話はともかく、読むことは必要だと考えたからだ。どんな言語でも、読解力があれば新しい情報を得ることができる。

こんな奇妙なベラルーシ語で、静かに読書するのがわたしは好きなのだ。

83 ペルシア語

岡田恵美子『イラン人の心』(NHKブックス)を読んで、いちばん印象に残ったのは著者がテヘラン大学に留学して、第一日目の授業風景だった。はじめの時間は古典文学。教室に現れた先生は鞄《かばん》も本も持たず、そのまま教壇に立つ。留学生たちには教科書の第一頁を開くように指示し、自らは朗々と叙事詩を暗誦しつつ、壇上を右へ左へと歩む。この風景を著者は息をのんで見つめるのだ。次の時間はペン習字。葦の茎を乾かして先を削《そ》いだ「ガラム」という筆記用具を、墨汁に浸して書いていく。大学の授業でペン習字なんてと、はじめは驚いた著者だったが、自分で書くことによってさまざまな書体を覚え、写本を読むのに有益だという。ペン習字の先生は黒板に詩を書き、これを朗誦する。

何という感動的な授業であったことだろう、叙事詩にしても、ペン習字にしても。第一、日本の大学では先生方は皆大きな鞄に資料をつめて教壇にのぼる。『古事記』

であろうが『万葉集』であろうが、先生がゼスチャーを混じえて講義をされることは、まずないだろう。（一七ページ）

一九六〇年代中頃の風景とはいえ、本当に感動的な情景だ。とくに気に入ったのがガラムで文字を書くところ。できればやってみたい。

ペルシアは豊かな文化を持つ。とくにその詩を中心とする言語文化には、古くからの伝統がある。朗誦も美しいが、書かれたペルシア文字も魅力的。アラビア語とは少し違う書体であることが、文字の読めないわたしにも感じられる。

国際情勢ばかりで世界をとらえていると、ペルシア語を使うイランという国を見誤る。偏見も根強い。あるイラン人の学生が、イランの出身というと、石油の話ばかりされるとこぼしていた。少ない知識をもとに共通点を探ることに、悪意はないかもしれないが、なんだか情けない。

ペルシアはやはり詩と薔薇《ばら》の国というイメージでいきたい。

84 ベルベル語

名称がおもしろいだけでノミネートしてしまった言語なので、何の知識もない。いつものように途方に暮れ、本を読んで調べることにする。

まず驚いたのが、ベルベル語は言語名ではないということ。アフロ・アジア語族に属する一つの語派名なのである。このアフロ・アジア語族というのは、かつてセム・ハム語族と呼ばれていたが、いずれにせよ、アラビア語やヘブライ語と同系ということになる。語派なら、ここで取り上げるのに相応《ふさわ》しくなかったかもしれないと、急に不安になる。

ベルベル語派にはシルハ語、タマズィフト語、リーフ語、カビーリ語、トゥアレグ語、ゼナガ語など、西アフリカのアルジェリアやニジェール、またはモロッコなどにバラバラと分布している。したがって標準ベルベル語というものも存在しない。おやおや、なんだか複雑なことになってきた。

一部で独自の文字を持っているというので、これは注目である。サハラ砂漠のど真ん中で話されるトゥアレグ語には、テフィナグ文字というのがあるらしい。おもしろそうだな。ただしこれを使うのは、貴族階級のしかも女性の一部が非公式にというのだから、ずいぶんと制限されている。しかもなぜ女性？　印刷文字もあるらしい。

もっと詳しく知りたければ、それぞれの言語の概説を読むしかない。フランス語文献が多く、さらにマグレブのアラビア語の知識が必要となるらしい。わたしには歯が立ちそうもない。ポリグロットでマグレブ文学を専門とする若き友人の顔が浮かぶ。

この地方の食物で広く知られているものに、クスクスがある。これなら、なじみがある。穀物を細かく挽《ひ》いて作る小さな粒状のパスタで、シチューをかけて食べる。フランスを経由して有名になり、わたしも家でときどき作る。ベルベルとか、クスクスとか、そういう繰り返される音が、なぜかかわいらしく感じられる。

だが、ベルベル人の歩んできた道は、それほどかわいらしいものでもない。古代ローマ以来、ベルベル人は歴史にたびたび登場し、異民族と戦ってきた。その言語も、かつては北アフリカで広く話されたようだ。そのせいか、ベルベル諸語間の差異は小さいという意見もある。

たとえ差異は小さいとしても、現代の「ベルベル語」が語派であることは、改めて確認しておきたい。

言語学コラム 09 語族

「なんか、《セム・ハム語族》って、口にしてはいけないような雰囲気でした」

言語学科を卒業したある編集者は、一九九〇年代の在学中を思い出しながら、こう話してくれた。

わたしが大学で言語学を学んでいた頃、アラビア語やヘブライ語、さらにエチオピアのアムハラ語などはセム・ハム語族に属する、と習った。ところが研究が進むと、セム諸語は系統的にまとまっているが、ハム諸語のほうはそのまとまりが疑問視されるようになる。そこで、旧約聖書の創世記にあるセム、ハム、ヤペテの三兄弟のうちから二人の名前をとったこの名称は、最近では使わず、代わりにアフロ・アジア語族に改名したのである。

《セム・ハム語族》というのが、口にしてはいけないほど排除すべき用語であるかどうかはなんともいえない。ただ、このような風潮があることを押さえておかないで、いまどき使わないような用語を無批判に使ったとしたら恥ずかしい。ちょうど現代の英語教育について語るとき、聴き取りのことを「リスニング」といわずに「ヒアリング」といっているようなものである。

ある言語学書によれば、「アフロ・アジア語族という表現は、学界で広く支持されている」そうなので、専門家でないわたしはこれに従うしかない。もっとも、このあまりにも漠然とした名称を提唱したのは、世界の言語をわりと強引に分類しようとすることで有名なアメリカの言語学者であるところが、イマイチ信用できないのだが。

名称に限らず、語族についてはよく分からない。ウラル語族とアルタイ系の諸言語をいっしょにして《ウラル・アルタイ語族》とするのはちょっと無理があるのではないかと考えている。でも、これを信じている人は少なくないし、さまざまな概説書にはよく吟味することもなく繰り返し使われているのが現状だ。

そこから考えると、シナ・チベット語族とか、ニジェール・コンゴ語族について、本当に意見が一致しているかどうか自信がない。オーストロネシア語族とオーストロアジア語族なんて、わたしにはその区別すらアヤシいくらい無知なのだ。

比較言語学的に考えると、歴史的に同系統であることが証明されている諸言語のみが語族を名乗れる気がする。だが、あらゆる言語が時代を遡《さかのぼ》れる資料を持っているわけではない。便宜的に語族を使ってはいるが、地域としてまとめただけというものもある。

そもそも語族の「族」とは、種類を同じくするものの集団を指す。だがそれよりもよく使われるのは、同じ祖先を持つ集団という意味のほうであり、つまり家族とか民族というときに用いられる。

そういえば民族について「○○人」と「○○族」の違いはどこにあるのだろうか。

朝日ジャーナル編『世界のことば』(朝日選書)のあとがきで、編者である千本健一郎氏は次のように書いている。

ケニアのキクユ人でキクユ語の筆者でもあるG・C・ムアンギさんから、「……族」(Tribe)という表現には上位の者が下位の者を見下す響きがある、と注意されたときには、ただのびっくり以上に衝撃があった。ムアンギさんが「キクユ族」と紹介されてちっとも怪しまない無神経さがこちらにはあるからだ。(二二七ページ)

わたしもこの文章を読んだとき、まさに衝撃を受けた。そういう目で世間の報道を見ていると、「○○人」と「○○族」が実に気まぐれに使われていることに気づく。多くの場合、ヨーロッパでは少数民族でも「○○人」というのに対し、アジアやアフリカなどでは国家を形成していても「○○族」という表現が見られる。語族でも民族でも、無意識が無神経に繋がらないように、できるだけ気をつけなければならない。

言語学コラム 10　放出音

人間の喉の奥には声門というところがあり、そこは開閉できるしくみになっている。ここをまず閉じて、肺から上がってくる空気を溜めてみよう。次にその空気の圧力を利用して声門を押し開く。うまくいけば「ポコン」とか「グエ」といった音を響かせることができるはずだ。これが放出音である。

なにか隠し芸みたいな技に思えるが、これを音として使う言語もある。本書の言語の中では、アムハラ語やコサ語がそうだ。テープを聴いている分にはおもしろいが、自分では出せない。この言語の習得には、時間がかかりそうだなあ。

調音、すなわち音を出すために口の中をいろいろ調整することは、いとも簡単にできる人と、反対にどんなに頑張ってもうまくいかない人がいる。放出音ほどではないけれど、いわゆる巻舌のRもそうで、できない人にはトラウマとなる。悲しんだり、恥ずかしがったり、教師の指導が悪いと批判したり、こっちのほうがトラウマになりそうだ。

放出音ができなくても、舌が巻けなくても、外国語は学べると思うのだが。

85 ベンガル語

渡辺照宏『外国語の学び方』は、岩波新書から一九六二年に出版され、その後も長く版を重ねた、外国語論の先駆けである。その内容は英語学習に関する部分が多くを占めるが、最後の章は「第二外国語」に充てられている。多言語に興味のあったわたしが熱心に読んだのは、もちろんこの部分である。
その中でベンガル語に触れている箇所が印象に残っている。

数年前にインドに戻ったベンガル人夫妻が2~3歳のお嬢さんふたりといっしょに私の宅にこられたとき、私がベンガル語で応対をしたら、日本人としてはよほど珍しかったためでしょうか、お嬢さんが口を揃えて“Ami tomake bhalo bhashi.”(あたし、あなた好き)と言うのです。およそ女性から受けた愛の告白でこれほど嬉しいものはありませんでした。(二二七ページ)

つまり、著者はベンガル語ができるのである。専門がインド哲学と仏教であるとはいえ、ここまで勉強した人はやはりすばらしい。

言語学の授業で使うために、世界の言語人口などを調べていると、このベンガル語はランキングで必ず一〇位までに入ることに気づく。インドの西ベンガル州の公用語の一つであるとともに、バングラデシュの公用語で、この国も人口がずいぶん多い。多数が使っている言語の好きな人には、おすすめである。さらに詩人タゴールはベンガル語で詩作をしたのだから、文学伝統から見ても申し分ない。

バングラデシュは一時、東パキスタンとなっていた。この頃はウルドゥー語政策が推進され、ベンガル語をアラビア文字で書こうとしたらしいけど、うまくはいかなかった。この言語問題がきっかけで、パキスタンから分離独立したともいう。

勉強しようと思ったら、『CDエクスプレス・ベンガル語』（白水社）がある。こういう教材が整いだしたのも最近のこと。便利になった。だからといって、ベンガル語学習者が飛躍的に伸びたとも思えない。

ベンガル語が使えれば、二、三歳のベンガル人のお嬢さんたちからモテモテになる可能性は、今でも高そうだ。

86 ポーランド語

ポーランド語はわたしにいわせれば大言語である。スラブ諸語の中では言語人口も多いほうだ。昔からアメリカ大陸には、ポーランド語を使う移民たちがいる。さらに最近はイギリスでポーランド人が急増しており、そうなると世界で通じる気がする。スラブ研究者にとっては必修の言語。勝手にそう信じ込んで、大学院生の頃にはせっせと勉強していた。

夏期講習会や学会にはポーランドの地方都市で参加してきたが、なんといっても訪れる回数が多いのは首都ワルシャワだ。ワルシャワは伝説上の創設者ワルスとサーワによって造られたのがはじまりとされる。ワルスとサーワだからワルシャワなのだ。そういえばヤン坊とマー坊でヤンマーディーゼルというのもあった。関係ないけど。

第二次世界大戦でボロボロになってしまったワルシャワが、戦後、頑固なまでの努力で元の姿を取り戻した話は有名だ。後の作とはいえ、散歩するのに楽しい街並みであることに変わりはない。

散歩しているとポンチキを見つけた。ポンチキとはポーランドの小型揚げパンで、屋台などでおやつとして売っている。話には聞いていたが、実際に目にするのはそのときが初めてだった。早速試してみようと思ったのだが、さて、ここで言語上の問題に突き当たる。

ポンチキは複数形である。なぜか複数形で知られているのだ。だがこの見るからに甘そうな揚げパンを、複数も買い求める勇気はない。カミさんと二人で一個がいいところ。では、ポンチキの単数形は？

ここで文法に悩んでしまう。複数形から推測するに、可能性は二つ。一つはポンチェクで、これなら男性名詞。もう一つはポンチカで、この場合は女性名詞である。うーん、どっちだろう。考えたって分からない。仕方がないので指を一本立てて、一つだけ買うことにする。

すると相手の口から正解が聞こえた。「ポンチェク」、つまり男性名詞だったのだ。

こういうところでも勉強になるなんて、考えてみれば幸せな話である。

87 ポルトガル語

あるポルトガル語教師が、嬉しそうにこんなことをいった。「ポルトガル語は世界の大陸で使われる言語なんですよ。ヨーロッパのポルトガルはもちろん、アメリカ大陸ではブラジル、アフリカではアンゴラ、モザンビーク、ギニア・ビサウ、サントメ・プリンシペ、カボ・ベルデ、さらにアジアではマカオと東ティモール、最近では群馬や静岡にもポルトガル語話者がいます。なかなか広がりがあるでしょう?」

正直、うらやましい気がした。知られざる世界語、うーん、カッコいい。

だが、わたしにとってポルトガル語はボサ・ノバである。最近、ボサ・ノバが大好きで、いまもこの拙文を書きながら流している。ボサ・ノバは実は多言語であり、英語をはじめとしてフランス語、さらにはスウェーデン語などでも盛んに歌われるのだが、やっぱりポルトガル語である。ごくごくオーソドックスで有名なボサ・ノバを流していると、なにも知らないはずのポルトガル語なのに、歌詞をなんとなく覚えてしまう。「アグア・ディ・ベベール~」とか「ソ・ダンソ・サンバ、ソ・ダンソ・サンバ」など、気がつけば自然と口ずさんでいる。

そのうち歌詞が正確に知りたくなり、CDに付いている歌詞カードを眺めながら、曲を追う。ポルトガル語はローマ字読みでよいなどと乱暴なことをいう人もいるが、そうはいかない気がする。母音の音色が違うよ。気に入った曲の歌詞を一生懸命暗記しているうちに、文字と発音の関係がぼんやり見えてきた。楽しみながら自然に身につくなんて、これって世間でいう「理想の外国語学習」ではないか！だが、好きな曲を二、三曲覚えたところで、それ以上は止《や》めることにした。BGMとして流したいボサ・ノバ。だからこそ、言語は分からないほうがいい。なまじ意味が分かると、歌詞が気になって仕事の邪魔になる。

ポルトガル語は大好きだし、世界に広がりを持つ重要な言語であるとは充分に承知しながらも、決して深めないことに決めた。そんな付き合い方をする言語だって、一つくらいはあっていいはずだ。

88　マオリ語

友人の管啓次郎さんが、大学の在外研究でニュージーランドへ行った。英語もフランス語もスペイン語もポルトガル語も得意な彼は、ニュージーランドで早速マオリ語に興味を持つ。せっせと勉強して、「マオリ語をどんどん話そう」というブログまで作ってしまった。相変わらず、すごいパワーである。

オーストロネシア文化には興味も知識も薄いわたしだが、管さんが作っているブログを覗いていると、マオリ語がなんだかオモシロそうに思えてくる。文章の巧さにすっかり乗せられているのかもしれない。

一八世紀にクック船長がニュージーランドに上陸して以来、マオリ語は英語との関係において、複雑な歴史を展開していく。一時はかなり弱体化した時代もあったが、一九八七年にマオリ言語法が制定され、マオリ語はニュージーランドの公用語となる。この効果は大きい。少し古い概説書を読むと、マオリ語はお先真っ暗という感じで記述されているが、最近ではマオリ語の話せる子どもの数が急速に増えているという報告もある。いわゆる先住民言語は滅びる一方ではないのだ。

系統としては、マオリ語はハワイ語やタヒチ語と同じくオーストロネシア語族のポリネシア語派に属する。世界地図を眺めると、ニュージーランドとハワイはずいぶんと遠いように見える。だが船を使えば「海は道」であり、人を交流させるのだ。ついでにいえば、アフリカのマダガスカル島のマラガシ語も同じオーストロネシア語族。ずいぶんとスケールが大きい。

管さんは将来ニュージーランドに住みたいとまでいっている。世界を股にかけて渡ってきた彼を、ここまで惹《ひ》き付けるニュージーランドとはいったいなんなのだろう。そして、マオリ語もなんなのだろう。

ちっとも想像できない自分が、改めて言語観の狭いことを思い知る。

89 マケドニア語

ある夏、わたしはベラルーシ共和国の首都ミンスクに三週間ほど滞在し、ベラルーシ語の講習を受けていた。独立したばかりだったベラルーシは、設備こそ整っていなかったけど、言語教育には熱心だった。ささやかな講習会で参加者も少なく、わたしの他には変わり者のフランス人と、あとはマケドニア人が七、八人。みんな同じアパートで生活しながら大学に通うことになり、授業の終わった午後はいつも一緒に過ごしていた。

マケドニア人グループは、引率のK教授以外は全員が大学生だった。元気がよくて楽しい連中だったが、困ったのはことばの問題。誰もが英語かロシア語のどちらかはできるのだが、両方できる者はいないのだ。これはなにかと不便である。そこでみんなの意見。「リュウがマケドニア語を覚えればいい！」どうしてそういう結論になるか理解できないのだが、とにかく午後はマケドニア語漬けの生活になってしまった。

K教授がロシア語でマケドニア語概説をしてくれる。「名詞は格変化しないから心配しなくていい。まず動詞の活用。不定形はない。活用パターンは三つ」そういって、メモ用紙に活用表を書いてくれる。ふふん、こちらは他のスラブ諸語を知っているので、これくらいは朝飯前。すぐに覚えて、他の動詞も活用させてみせる。大学生たちは素直に驚いて、わたしを「日本のコンピュータ」と褒《ほ》め称《たた》え、こっちはすっかりいい気分になる。

しかし大切なのは理論より実践。みんなで寄ってたかって話しかけてくるのだが、とくに台所を一切取り仕切っていたおとなしい女の子は、英語もロシア語も苦手だったので、わたしがマケドニア語を覚えたのをいいことに、ニコニコと声をかける。

「サカシュ・ダ・ヤデシュ？」「サカシュ・ダ・ピエシュ？」

サカシュは「～したい」の二人称単数、ダは接続詞、ヤデシュは「食べる」、ピエシュは「飲む」の、それぞれ二人称単数。つまり「あなたはお腹が空いたか？」「あなたはのどが渇いたか？」と尋ねているのである。答えるときは「サカム・ダ・ヤダム」（わたしはお腹が空いた）、「サカム・ダ・ピヤム」（わたしはのどが渇いた）で、動詞は正しく一人称単数に。やさしい彼女はにっこりとして、クッキーを出してくれたり、お茶を入れてくれたりした。たとえこちらのお腹がいっぱいでも出してくれた。

そう、K教授は否定形を教えてくれなかったのである！

90 マレーシア語

第二次世界大戦前までは「マレー語」と呼ばれていたが、戦後になって独立を果たすと、マレーシアではマレーシア語、インドネシアではインドネシア語となった。一時は「表記法」を統一、二つの言語の差を縮めるべく努力がなされたようだが、結局その溝は埋まることなく、語彙を中心にだいぶ違う言語になったらしい。

旅行先としてはマレーシアへ多くの人が訪れ、とくに日本のシニア世代のロングステイでは、タイやフィリピンと並んで人気が高い。ところが不思議なことに、語学書はインドネシア語のほうが多い。どうしてそういうことになるんだろう？

少ないマレーシア語教材の中では、アリ・オスマン、新井卓治『今すぐ話せるマレーシア語入門編』（東進ブックス）がおもしろい。料理の名前をはじめとして、コラムが充実しており、ここだけを拾い読みしても楽しめる。語学書には、このような読み方もあるのだ。

この本の中で、文法について興味深い話題を見つけた。マレーシア語の boleh は許可や可能を表す助動詞で、英語の can に近い。だが boleh-boleh のように重ねて使う用法のあるところが、can とは違うという。するとマレーシア語を話す人は、英語でもそのクセが出て、たとえば Can I ～という疑問文に対する答えが、Can, can! となってしまうらしい。こういうのは嫌いではない。

そういえば、これってシンガポールの英語に似ている。シンガポールはマレー半島の先っぽ。ここの言語は今でもマレー語というそうだ。それはスリナムでも同じ。

ええと、スリナムってどこだっけ？　あれは確か、南米の国だったはずだけどイマイチ自信がない。地図でスリナムの位置を確認しつつ、我ながらあまりにも片寄った世界観に情けなく思う。やれやれ。

せめてミ・ゴレンという焼きソバでも食べて、食文化の世界観だけでも広げようか。でもこの「ミ・ゴレン」っていうのは、マレーシア語なのかインドネシア語なのか。また、いや、マレー風に繰り返して、「またまた」分からなくなってしまった。

91 モンゴル語

海外のさまざまな国に出かけては、いろいろと楽しい想いや珍しい体験をしてきたけれど、感動した国は一つしかない。

モンゴルである。

といっても、訪れたことはたった一回しかない。しかも奇妙なことに、通訳として行った。もちろん、モンゴル語ではない。ロシア語の通訳だ。

一九九〇年代のモンゴルは日本からの観光客が増えつつあったのに、日本語はおろか英語の通訳すら不足していた。モンゴルでもっとも普及していた外国語がロシア語で、インテリはみんなロシア語が上手だった。モスクワや旧レニングラードに留学した人も少なくない。そこで、ロシア語を話すモンゴル人とわたしが組んで、通訳をしたのである。

たった二週間ほどのモンゴル滞在だったが、あれほど感動したことはなかった。だが、何にどう感動したのかを、ことばにするのはひどく難しい。それまで感動とは縁のない人生を歩んできたので、いざ感動してみると、どう表したらいいのか見当がつかない。

感動のバロメータとして、モンゴル語に憧れた。外国に出かければどこでも現地の言語に憧れるのだが、あのときほどモンゴル語のできないことが悲しかったことはない。モンゴル人たちはわたしのロシア語を誉《ほ》めてくれるのだが、そんなことはどうでもよかった。モンゴル語が話したかった。

モンゴル人のロシア語通訳から、モンゴル語の表現をいくつか教えてもらった。ウランバートル郊外の自然の中を散歩しながら、口伝えに数字を習ったのだが、発音が難しい。文字があればと思った。モンゴル語はキリル文字を使っているので、わたしには楽なはず。ところが書いてもらうと、今度はあまりにもなじみのない綴りに驚いた。知っている文字だと、かえって戸惑うこともある。どうもモンゴル語に適性がないのか。

今のところ、モンゴル語は憧れのままである。人生をもう一度やり直すとしたら、たとえば外国語大学にもう一度入学することがあれば、わたしは迷わずモンゴル語学科を選ぶだろう。もちろん叶わぬ夢であり、だからこそ憧れは膨らんでいくのである。

92 ラオス語

二〇〇七年三月で大学教師を辞めたはずだったのに、同じ年の一一月から外国語大学へ非常勤講師として教えに行くことになった。担当科目は比較言語学、前任者の急病によるピンチヒッターである。二学期の途中から始まったこともあり、受講生は六人だけと少なかった。

いろいろな言語がテーマになる比較言語学なのだから、それぞれの学生が専攻する言語にもなるべく触れたい。六人のうち、ヨーロッパ系ではフランス語専攻が二人、あとは英語とドイツ語が一人ずつ。これは困らない。アジア系はいつもニコニコしている朝鮮語専攻の二年生。これも昔熱中した言語だから、なんとかしよう。残る一人の専攻は……ラオス語だった。

最近、カンボジアやベトナムといったインドシナ半島の言語の専門家たちとの付き合いが多いが、そういえばラオス語については何も知らない。だが授業では、どの学生に対しても平等でなければならない。付け焼刃的な知識でもいいから、とにかく話題を仕入れなくてはと、手始めに『CDエクスプレス・ラオス語』(白水社)のページをめくる。解説によれば、ラオス語はタイ語と同じくタイ・カダイ語族南西タイ語群に属する。ラオス語とタイ語は近いのだ。これは比較言語学で系統について語るときに重要な情報。

「文字と発音」を眺める。文字はラオス文字という独特な文字で表記する。インド系文字の通例として、子音を中心に母音符号が上下左右にいろいろとついて、これはなかなか大変そう。さらに声調記号がつくそうで、ということは声調があるのだな。さらに「文字と発音」の最後に、次のような記述を見つけた。「実はこの正書法体系については、現在でも揺れるラオス語と共に日進月歩の状態です。それはラオス文字は、一音一字の表音文字であるという原則から、発音が変化するにつれ、正書法も変わっているということです」。こんなタイヘンな言語を、あの学生は専攻しているのか!

とにかく、こんな知識を即席で身につけて、比較言語学の話の中にちりばめてみた。すると例のラオス語専攻の学生は、とても嬉しそうな顔をするのだ。四年生で卒業論文なども忙しいだろうに、休まずに出席してくれるのである。

こうなったら続けるしかなかった。この学生の期待に応えるべく、わたしはラオス語について調べるために、多くの時間を費やした。それもなかなか楽しかった。

93 ラテン語

研究社『新英和大辞典（第六版）』の巻末に、Foreign phrases and quotations としてラテン語を中心とする外国語の慣用表現が八〇〇ほど収録されている。英語圏のインテリ層にはこういうフレーズがおそらく常識であり、教養なのだろう。そういった教養のないわたしが眺めていてもなかなかおもしろい。辞書は知らない語を引くばかりではない。

文学部の英文学専攻で、英語学を教えていたことがある。スラブ語学専攻のわたしから英語学を習うはめになろうとは、学生も気の毒なものだ。その分、こちらはなるべく彼らのためになるようにと、授業をいろいろ工夫してみた。学生の多くは卒業後に中学や高校の教職に就くことを目指している。そこでラテン語に触れることを強く奨めた。英語を教えることと直接には関係ないが、古典語とは基礎体力みたいなものであり、鍛えておいて損はない。

人には奨めているくせに、実はラテン語ができない。これではイカン。ラテン語の入門書から動詞や名詞の変化表だけをコピーして、小さなカードに貼りつけ、ポケットに忍ばせる。かつての勤め先は門をくぐると傾斜のきつい坂があり、これをラテン語の変化表を睨《にら》みながら登ることにした。修行僧のような禁欲的な気分になる。ラテン語のような変化の激しい言語は、その変化表をしっかり頭に叩き込めば、あとは語彙を増やして読むだけ。これはスラブ諸語でも同じだ。

しかし、変化表だけではなんとも虚しい。なんとなく頭に入っても、やはり実際の文に接しなければ、本当の力はつかない。ところが、坂を登りながら文学を読むわけにもいかない。そこでせめて短い歌でも暗誦しようかと考えた。それがAdeste fidelesである。

これは讃美歌で、クリスマスのときによく歌われる。日本語では「神の御子は今宵しも〜」と訳されているが、チェコやポーランドのクリスマスソング集を見ると、これだけはラテン語のままで歌うようになっている。そこでこの歌詞を睨みながら坂を登った。秋から始めたのでクリスマスには間に合った。

さて次は何をやろうか。ラテン語は会話の必要がないので、自分勝手に勉強できるところが魅力である。教職志望の学生たちにも、自分勝手でいいからラテン語を始めてほしい。

94 ラトビア語

わたしが大学生だった頃は、今ほど語学書の種類が充実しておらず、とくに「マイナー」なヨーロッパの言語は学習が難しかった。白水社のエクスプレスシリーズは出始めたばかりだったし、大学書林の四週間シリーズはアジアが多かった。仕方がないので、他の外国語で書かれた教材を探すことになる。

多言語を目指す人にありがたいのは、今も昔もTeach Yourselfシリーズで、日本語では勉強できない言語の入門書が充実していた。丸善などでズラリと並んだ背表紙を眺めているだけで、なんだかワクワクしたものだ。

このTeach Yourselfは、シリーズ全体をときどき改訂する。改訂にともない、外国語の種類も増えることが多いのだが、ときにはなぜか消えてしまう言語もある。それに気づいたのは、Teach YourselfのLatvian、つまりラトビア語の入門書を、神田の古本屋で見つけたときだった。

本を手に取ったときは不思議に思った。このシリーズにラトビア語はないはず。装丁も丸善で見ていたものとは違う。だが間違いなくTeach Yourselfシリーズなのだ。つまり、かつてはラトビア語があったのだ。うーん、すばらしいではないか！

旧ソ連のバルト三国には、昔から好ましい印象を持っていて、今まで何度も出かけている。初めて行ったのは一九八〇年代中頃で、モスクワから向かうと、街の中のラテン文字表記が新鮮な印象を与えた。エストニア語、ラトビア語、リトアニア語のどれもがラテン文字で表記する。こういう言語に憧れて、どんな言語なのか覗いてみたかったのだが、入門書はめったに手に入らなかった。だからTeach Yourselfシリーズの Latvian を手にしたときは、感動するとともに絶版になったことをとても残念に思ったのである。

もっとも、これはさほどやさしい教材ではない。テキストは細かい文字でびっしりと印刷されている。ラトビア語はラテン文字の上下に小さな記号がいろいろとつくのだ。さらに説明の英語まで難しい。音声教材はもちろんついていない。この教材は眺めて楽しみこそしたものの、ラトビア語をマスターするまでにはとてもいかなかった。

今では日本語による音声付き教材がバルト三国のどの言語でも出版されている。時代は変わったのである。

95　リトアニア語

二〇〇〇年の夏に、リトアニア第二の都市カウナスでリトアニア語研修を受けた。一カ月間というもの、朝から晩までリトアニア語漬け。その割にはたいしてうまくならなかったし、あれからちっとも上達していないけど、憧れのリトアニア語を勉強することができて、とても幸せだった。

……というのは、後で思い返してみたときの話。研修の最中は、なかなかそんな気になれない。調子のいいときはいいが、疲労が溜まってくるとつらい。

あるとき、ミネラルウォーターがほしくて、スーパーマーケットに行った。食料品売場では表示がすべてリトアニア語。ときどきロシア語で説明書きのある食料もあるのだが、そういうものは不思議なことにまずい。だからリトアニア語を一生懸命に読まなければならない。

ミネラルウォーター売場では、どこの国も同じようにペットボトルが所狭しと並んでいる。ふと横を見れば特売コーナー。ペットボトルには actas と書いてある。ラテン語の aqua に似ているな。さすがインド・ヨーロッパ語族の中でも古形をよく保つリトアニア語、言語のシーラカンスといわれるのも納得である。

下宿に帰って、まずは水が一杯ほしい。今日も一日疲れたな。食欲もあまりなく、喉が渇いているだけ。ペットボトルの中の液体を一口含むのだが、次の瞬間、台所の流しに思わず吐き出した。

何だ、この味は！

actas（アッタス）はリトアニア語で酢のことだった。よく考えてみれば、チェコ語では ocet（オツェット）だし、ウクライナ語でもそうだ。だが、そんなことスーパーマーケットで思い出せるものではない。ちなみに水は vanduo（ヴァンドゥオ）という。こういう間違いは、疲労を倍増させる。その日は喉が渇いたまま、ベッドに潜り込んだ。

リトアニア語は語形変化こそ保守的だが、語彙は他の印欧諸語から想像のつかないものが多い。適当に類推したりしないで、ちゃんと辞書を引かなければ失敗するのだ。まったく、生半可な比較言語学の知識のために、苦い、いや、酸っぱい思いをした。

96 リンガラ語

高野秀行『異国トーキョー漂流記』には、著者がリンガラ語を学ぶ話がある。一九八六年、テレビ局との合同でコンゴへ怪獣探しに行く企画を目前に、テレビマンの優秀さを目の当たりにした探検部のメンバーは、現地の人と仲良くなることでイニシアチブを取る、延いては広く使われているフランス語ではなく、現地人が使うリンガラ語を身につけることを思い立つ。

リンガラ語はコンゴ共和国やコンゴ民主共和国（旧ザイール共和国）で話されるバントゥー系の言語である。学習はリンガラ語を教えてくれるコンゴ人を探すところから始まる。苦労して探したウィリー（コンゴ・ザイール系）が教えてくれることになったのだが、思わぬ困難が待ち構えていた。文字がないのである。

そこでウィリーはラテン文字を使うことを思いつく。試しにいくつか単語や文章をホワイトボードに書いてみせ、高野氏がローマ字式に読みあげてみれば「あー、だいたい何言っているかわかる！」とのこと。文字を作るところから始めるなんて、本格的な言語学者のようだ。

それにしても、八〇年代の日本ではリンガラ語がそれほど未知の言語だったのか。何か教材がないものかと探してみれば、直原利夫『リンガラ語入門篇』（天理教海外伝道部）なるものが一九六五年に出版されていることが分かった。図書館から借り出すことにした。

出版社からも想像できるように、本書は天理教の布教を目的に編纂《へんさん》されたものである。文字はラテン文字を使って書き表している。付属記号を使うこともなく、まさにローマ字読みでよいらしい。ウィリーと高野氏は正しかった。

この入門書は巻頭言が面白い。コンゴ共和国の首都ブラザビルはフランス語が通用する町だが、一行の中でもっとも通じたのは、フランス語が不得手な者の身ぶり手ぶり。笑ってしまう話だが、布教となればそれでは済まされない。そこでリンガラ語の登場である。

「その土地で生れ、その民族の中で育まれた言葉で話し合うという事が、どれ程お互いの胸襟を開き、理解と親しみを増すものであるかは言うまでもない」。

つまり、高野氏とまったく同じ発想なのである。学習環境の整わない外国語を目指す人の気持ちは、案外共通しているようだ。

97 ルクセンブルク語

ルクセンブルク語は一九八四年の言語法によって、ルクセンブルク大公国の公用語の一つになった。ゲルマン語派に属すため、独自の言語か、それともドイツ語の方言かという判断は難しいだろうが、公用語となって、しかも書きことばが法律的に認められればこっちのもの。国と同様、小さな言語には違いないが、ドイツやベルギーにも話者がいて、なかなかの広がりを見せている。といっても、こういった地域では衰退の一途をたどっているようだが。

ルクセンブルク語は、いったいどんな響きなんだろう。こういうとき、現代は便利だ。インターネットで探せばいいのである。

ネット上ではいろんな地域のテレビ映像が見られる。そういう局名をまとめたページもあって、ルクセンブルクも見つかった。そこでいろいろと開いてみる。

だが、ルクセンブルク語には行き当たらない。ドイツ語やフランス語はあるのだが、ルクセンブルク語はない。探し方が悪いのか。大使館のウェブサイトには少しだけ紹介があったけど、音声はなし。そこで音声は諦め、字面を見るために新聞を同じネット上で探す。ところがこれも見つからない。いったいどうなっているのだろう。

そういえば、最近では日本の洋書店の語学書があれだけ充実しているのに、ルクセンブルク語の教材は見たことがない。不思議な言語だ。

そんなとき、某出版社の編集者からルクセンブルク語の教科書のコピーを見せてもらった。さるゲルマン語学者から借りて複写したものだという。機密文書並みの扱い。そこで見た綴りは、ドイツ語のベースにフランス語の要素を加味したような、おもしろいものだった。ただし、あまりゆっくり見られなかったので、はっきりしたことは報告できない。

一時、ある輸入食料品店でルクセンブルクのワインを見つけ、気に入ってよく買っていたのだが、そのラベルにルクセンブルク語らしきものを見た記憶はない。それどころか、そのワインが入荷されなくなってしまった。

わたしにとって、ルクセンブルク語は謎に満ちている。

（右の話は二〇〇八年のこと。今では日本で出版された語学書もある。ただしワインは相変らず入手困難のままだ）

98 ルーマニア語

東京・銀座の中央通り沿いに、ルーマニア料理を出す珍しいレストランがあった。残念ながら閉店してしまったのだが、ちょっと高級なので、特別の日にしか行けなかったが、ナマズ料理とルーマニア・ワインという取り合わせは悪くなかった。店の入口には展示販売も兼ねて、人形やコースターといったルーマニアの民芸品が並べてあり、それを眺めていると、ルーマニアはやっぱり東欧で、わたしの親しんできた地域との共通点を何か感じてしまうのが常だった。

ただし、言語は違う。ルーマニア語はスラブ系ではなく、ロマンス系である。隣接するブルガリア語やウクライナ語より、むしろ少し離れたイタリア語のほうと同系なのだ。といっても、どれほど近いのかはよく分からない。ルーマニア語を聞いたイタリア人が「四〇パーセントくらい分かる気がする」といったことがあった。どう解釈したものか、そもそもその数字がどういう根拠からはじき出されたものなのか、なんとも微妙だ。

ルーマニアには残念ながら訪れたことがないが、その隣の旧ソ連モルダビア共和国（現・モルドバ共和国）には行ったことがある。ルーマニア語とモルダビア語は言語学的にほぼ同じだというのが一般的な見解だが、どちらも知らないわたしにはさっぱり判断がつかない。ただ、シロウトでも気づくのは、ルーマニア語がラテン文字で表記されるのに対して、当時のモルダビア語はキリル文字だったことだ。

モルダビアの首都キシニョフは、はじめての海外旅行のときに訪れた都市の一つである。ふつうは旅の初心者が行くようなところではない。現地で頼んだ観光ガイドですら、不思議そうな顔をしていた。でも、わたしにはなかなか楽しかった。ロシア語とウクライナ語ばかり話されるスラブ圏を旅行したあとでモルダビアに来ると、見慣れたはずのキリル文字で、さっぱり分からないスペルが綴られていて、それがかえって新鮮だった。

遠い昔のことで、記憶は薄れつつあるのだが、ホテルの避難路の説明書が露、英、独語の他にルーマニア語でも書かれていたのが、妙に印象に残っている。その頃から、そういうヘンなことばかりが気になっていた。

99 レト・ロマンス語

調べてみたら、レト・ロマンス語とは言語名でなく、言語グループ名だった。ベルベル語のときと同じ勘違いをしてしまった。でも、たとえば『世界の言語ガイドブック1 ヨーロッパ・アメリカ地域』(三省堂) では、イタリア語や英語と並んでレト・ロマンス語とあるのだもん、迷うのは当然じゃないか。

少し前までは「レト・ロマン語」という表記も目にした。しかしこれは最近では使わないらしく、さっぱり見かけない。言語の名称は厄介だ。とはいえ、ある言語学概説書で見つけた《レトロ・ロマン語》という表記は、どう考えても間違いだろう。

正確に記せばレト・ロマンス諸語となるのだろうか。スイス南東部にあるグラウビュンデン州のロマンシュ語、イタリア北部のドロミテ・ラディン語、そして同じくイタリア北東部のフリウリ語。わたしが考えていたのは、このうちロマンシュ語だけだった。フリウリ語圏はかつて中心都市ウディネを旅行したこともあり、したがってすでにレト・ロマンス語と出合っていたことになる。だが、レト・ロマンス語はスイスの言語という思い込みから抜け出せない。

スイスにはヨーロッパへ出かけるときに滞在したことがある。知り合いのドイツ語の先生の薦めで、スイス航空でチューリヒ経由を試したのである。はじめてのスイスにカミさんと二人でワクワクした。もしかして、レト・ロマンス語（つまりロマンシュ語）を聞いたり見たりするチャンスがあるのではないか。チューリヒがドイツ語圏であることは知っていたけど、ロマンシュ語だって一九九六年の国民投票で「公用語」として認定されたんだもの、どこか公共の場に書いてあってもいいはずだ。

しかし、たった半日のチューリヒ滞在では、レト・ロマンス語に出合うことは叶わなかった。あちこち探したのだが、それらしきものを見つけたのは、機内の座席においてあったエチケット袋の表示だけ。もちろん記念に持ち帰る。

やはり、グラウビュンデン州に出かけなくてはダメなのか。いや、わざわざ出かけたところで、たった三万五〇〇〇人しか話していないのだ。しかもほとんどがドイツ語やイタリア語とのバイリンガルである。

それよりも前に、ドイツ語やイタリア語との区別が耳でつくだろうか。

100 ロシア語

大学四年生の夏、極東ナホトカのピオネールキャンプでロシア語通訳をしていた。ピオネールというのは旧ソ連の少年団で、子どもたちは自分の属するピオネールのキャンプ場で夏休みを過ごす。そこに日本の子どもたちを参加させようというプログラムがあって、その通訳をするというアルバイトだったのである。

昼は子どもたちと遊んだりするのだが、夜はもちろん大人の時間。日本とソ連の指導員たちに加え、ウラジオストックにある極東大学日本語学科の学生で、同じく通訳のアルバイトをしていたロシア人のサーシャ君もいっしょに、毎晩のように飲んでいた。

当時のわたしはまだ若く、お酒も今よりずっと飲めた。昔からビールが好きだったが、基本的にはなんでも飲んだ。だからサーシャ君から「これが今、ウラジオでいちばん流行《はや》っている飲み方だぜ」とウォッカのビール割りを勧められれば、この挑戦を当然のように受けてしまったのである。コップで五、六杯飲んだところまで覚えているが、その後、生まれてはじめて記憶を失う。

翌日はそれまで経験したことのない頭痛に襲われた。となりのベッドではサーシャ君も同じように苦しんでいる。午前中は通訳どころではなく、二人でウンウン唸《うな》っていた。

午後になってようやく回復し、指導員たちのところにフラフラと加わる。ゆうべ一緒に飲んだ連中は、ニコニコしながらこういった。「リュウったら、酔っ払ったらロシア語しか話さないんだから!」

これには驚いた。もちろんまったく覚えてない。さらに聞けば、日本人の指導員に対してまでロシア語で話しかける始末で、それをこれまた酔っ払ったサーシャ君が通訳していたというのである。

記憶を失っても話せる外国語は、わたしにとって生涯、ロシア語しかないだろう。まだ軽く痛みの残る頭を抱えながら、わたしは不思議な達成感に満たされていった。

しかし、すぐ不安になって、こう尋ねた。

「文法変化はちゃんと合ってた?」

言語学コラム 11　アスペクト

話している人が、動作をどのようにとらえているか。これを示すのがアスペクトである。同じ「読む」でも、「読んでいる」という継続か、あるいは「読んでしまった」という完了かでは、だいぶ違う。この区別がテンス、つまり時制と同じくらい大切な言語もある。

ロシア語をはじめとするスラブ諸語は、このアスペクトになかなかうるさい。動詞のほとんどが完了体動詞と不完了体動詞に分かれ、完了体動詞は一回の行為が完了することを表すのに対して、不完了体動詞では完了かどうかはどうでもいいから、とにかくそういう行為に携わったことがあることにポイントが置かれる。このようなアスペクトは日本語にもあり、「た」や「ている」などによって表している。

アスペクトは言語学では重要な概念なのだが、一般には知られていない。わたしはアスペクトという響きが気に入っている。研究テーマはと聞かれ、詳しく答えるのが面倒なときには「テンスとアスペクト」にしておく。難しそうな専門に思われて、便利である。

でもここに書いてしまったから、この手はもう使えない。

言語学コラム 12

「ン」ではじまる言語

世界の言語についてアイウエオ順でいろいろと考えてきた。最後がロシア語で終わるのは、この言語と長年付き合ってきたわたしにとって、なんとも都合のよいフィナーレとなった気がする。

しかし、である。世界は広い。このことはたった一〇〇言語を眺めてきただけでも、痛感した。世の中には自分の知らないことがたくさんある。

たとえば、「ン」ではじまる言語だって、一つや二つはあるのではないか？

そこで、これまでずいぶんとお世話になった『言語学大辞典』を再び引っ張り出して、見出し語を確認してみることにした。

その前にまず最初に挙がる言語名を調べる。するとアイズィ小語群を除けば、本書と同じアイスランド語ではじまることが分かった。なるほど、スタートは同じである。

次に「ン」ではじまる言語はないものか、探してみた。

するとあった。しかも一つや二つではない。見出し語のうち、語群や諸語を差し引くと、次のような諸言語の名称が並んでいた。

ンヴァラ語、ンガイン語、ンガジュ語、ンガダ語、ンガマンボ語、ンガモ語、ンガンディ語、ンガンド語、ンギエ語、ンギジム語、……

まだまだ続く。そうなのだ、「ン」ではじまる言語なんて、まったく珍しくなかったのである。わたしが知らなかっただけのことに過ぎない。

「ン」ではじまる言語は、そのほとんどがアフリカのニジェール・コンゴ語族というグループに属している。ということは、ニジェール・コンゴ語族の諸言語では、「ン」ではじまる語がきっと珍しくないんじゃないかと想像される。もっとも、日本語では「ン」だが、ラテン文字で表記した場合には、nもあればmもある。

ニジェール・コンゴ語族が多いとはいえ、それ以外もある。たとえば、ンガダ語はインドネシア共和国フローレス島中央部で話されるし、ンガンディ語はオーストラリア北部で使用されている。それでも、ほとんどはアフリカの言語。見出し語は全部で九二（語群や諸語を含めると一〇三）の言語が挙がっている。すごい。

そういえば思い出した。青山潤『アフリカにょろり旅』（講談社）は、ウナギを追いかけてアフリカに向かう大学研究者の実話なのだが、それによればマラウイのチチェワ語ではウナギのことを「ンコンガ」というそうだ。これも「ン」ではじまる。

またウナギの調査にさんざん疲れたあと、ジンバブエの首都ハラレに来て久しぶりに都会を目にした著者からは、こんなセリフが飛び出る。

「(……)あっ、ハンバーガーって書いてあるぞ。ンで始まる食いもんじゃねーぞ。行こう行こう。ハンバーガー行こう」(一三四ページ)

この著者にとっても、アフリカといえば「ン」ではじまる語なのではなかろうか。

『言語学大辞典』を引いたあとのわたしには、その気持ちがよく分かる。

さて、「ン」ではじまる言語のうち、中間を飛ばして最後の一〇言語を挙げれば、次のようになる。

ンベレ語、ンベワ語、ンベンベ語、ンボア語、ンボイ語、ンボレ語、ンボン語、ンポングウェ語、ンマニ語、ンメ語

最後のンメ語は、ラテン文字ではMmeと表記する。ンメ語が話されるのは、西カメルーン北西部州ウム県フンゴム地区南部ンメの町だそうだ。系統としては、ニジェール・コンゴ語族、ベヌエ・コンゴ語派、バントイド諸語、広義のバントゥー諸語、草原バントゥー語群、リング語群、コム・バンデム小語群、コムグループとなり、なんだか旧約聖書の創世記の冒頭を読んでいるようである。

言語学に携わる者として、「ン」ではじまる言語の一つくらい知っておいたほうがいいのではなかろうか。そんな妙な気を起こすから、付き合う言語は増えていく一方だ。

おわりに

二〇〇七年一月一日、大学退職を目前に控えた正月。職場を去るまで何日あるか数えてみたら、ちょうど九〇日だった。この九〇日、どうやって過ごそうか。そりゃ、入試などで忙しいことは分かっているが、それでもなにか、有意義なことに使えないものか。

そこで思いついたのが、一日一篇エッセイを書くことだった。これからしばらくは文章を書いて生活していくことになる。スランプなどと、わがままをいうことはできない。どんな日でも、一定のペースで仕事をしていく必要がある。そのための「修業」として、エッセイを書き溜めていく。これはなかなか有意義ではないか。

では一日一篇のエッセイを書くとして、いったい何を書こうか。日々思いつくことをつれづれなるままに綴るのもいいが、それよりも何か統一テーマを決めて、それにしたがって書くのはどうだろう。なんといっても、修業なのだから。

そこで九〇日にあわせて九〇言語を選び、毎日一篇ずつエッセイを書くことにした。

ファイル名はヴェルヌの『八〇日間世界一周』からヒントを得て、「九〇日間世界言語一周」とし、自分一人で面白がりながら書き溜めていったのである。

そんなことを講談社現代新書編集者（当時）の阿佐信一さんに、東京・神保町でビールを飲みながら話した。阿佐さんは「前代未聞ですね」と驚きつつも、原稿を読んでみたいという。そのときはまだ九〇言語すべてを書き上げたわけではなく、しかも自分用に書き飛ばした雑なものもあり、そのままではとても見せられない。そこで近日中にいくつかピックアップして、手を加えてから渡すことを約束した。

ところがその約束も果たせないうちに、現代新書がメールマガジンを配信することになった。しかもこの言語エッセイがそのメルマガで連載されることが、トントン拍子で決まる。まさか九〇言語すべては紹介しきれないけど、一年くらい続ければそれなりにまとまるはずだ。そこでタイトルは「世界のことばアイウエオ」とし、二一回で四一言語分を発表していった。

この四一言語に、メルマガで発表できなかった四九言語を加えてまとめたのが『世界の言語入門』（講談社現代新書）だったのである。

＊　＊　＊　＊

それから一〇年の月日が流れた。今回ちくま文庫に収録されるに際して、タイトルをメルマガ連載当時の『世界のことばアイウエオ』に戻し、さらに一〇言語を加えて計一〇〇言語に増補した。新書で発表した九〇言語と同様、新たに書き加えたエッセイについても、主に次の文献を参考としている。

①柴田武編『世界のことば小事典』（大修館書店）
②東京外国語大学語学研究所編『世界の言語ガイドブック』全二巻（三省堂）
③亀井孝・河野六郎・千野栄一・西田龍雄編著『言語学大辞典』全七巻（三省堂）

このような先達の業績があったからこそ、本書のような無謀な試みが可能となったことを、ここに改めて記しておきたい。どうもありがとうございました。

『世界の言語入門』は、エッセイとして楽しんだという意見が多く寄せられた。なるほど、それでは新書版の「おわりに」にあったような、現代言語学を嘆くのはやめて、楽しい雰囲気を演出しよう。読者の中には、適当にパッと開いた箇所を読むのを寝るまえの習慣とした人がいるという話も耳にした。そんなオシャレな読み方が続けられるように、文庫版もレイアウトに配慮しながら加筆訂正をおこなったが、基本的な考えはまったく変わっていない。

変わったことといえば、大学の特任教授になってしまったことだろうか。だがそれだって年限つきだし、特定の言語にとらわれず、ロシア語と英語と言語学をにぎやかに教えているのだから、気分は相変わらずフリーランス語学教師である。

そんな今の姿を、元担当編集者の阿佐信一さんに見てもらいたかったのだが、悲しいことに二〇一二年三月に急逝されてしまった。新たに加えた部分などについて、神保町でビールを飲みながら語り合いたかったのは、既刊『ポケットに外国語を』（ちくま文庫）のときと同じである。

今回も筑摩書房編集部の橋本陽介さんにお世話になりました。ここに感謝いたします。

二〇一八年二月

黒田龍之助

解説

高野秀行

本書の「目次」を見た途端、頭と体がカーッと熱くなった。

アムハラ語、アラビア語、アルバニア語、インドネシア語、ウォロフ語、ウルドゥー語……。ア行だけでも、私がこれまでに出会った言語が六つもある。もちろん、その後も、わりと熱心に学んだ言語から、現地に行ったときに片言を習っただけの言語まで、次々と登場する。夢中で本文を読み始め、気づいたら半分ほど一気読みしていた。懐メロのように、過去に出会った言語とそれにまつわる記憶が甘く切なくぐるぐる回っていた——。

（以下、本書に登場する言語には目次の番号が振ってあります）

私は、黒田さんのレベルには到底及ばないものの、同じように、言語をむちゃくちゃに愛する者である。しかも黒田さん同様、「小さな」言語を偏愛している。でも、黒田さんが十代の頃から純粋に知的好奇心から言語へ深い関心を寄せていたのとは対照的に、私のマイナー言語学習は純粋に功利的な動機から始まった。ありがたいことにその経緯は「96 リンガラ語」のページに紹介していただいているので読者はそこを読んでいただきたい。要は大学時代、アフリカのコンゴへ探検部の部員たちと遠征したとき、現地の言葉（それがリンガラ語）を話せれば、コンゴの人たちと仲良くなれるんじゃないかと思ったのだ。

私の直感は当たった。仲良くなれるどころか、私たちがリンガラ語をちょっとでも喋《しゃべ》るとバカ受け。「おい、こいつら、リンガラをしゃべるぜ！」と、まるで口をきくパンダのような扱いで、道端でも人だかりができるほどだった。地味な人生を歩んできた私に突然スポットライトがあたり、何か途轍もない感動をおぼえた。

私にとっての「言語ビッグバン」である。

以後、取材や旅に役立つからだけでなく、言語自体の魅力に取り憑《つ》かれてしまった。

例えば、リンガラ語の場合、現コンゴ共和国と現コンゴ民主共和国（旧ザイール）の両方で共通語となっているのだが、二国間で方言差がある。例えば、「4　アゼルバイジャン語」で紹介されているエピソードとそっくりのことをコンゴ人が言う。「ザイール人のリンガラを最初聞いたときはびっくりしたよ。『木から下りる』っていうとき、『木から落ちる』っていうんだから」

すごく面白いし、こういうネタを仕入れておくと、次からコンゴ人相手に「ザイール人のリンガラは笑っちゃうよね」なんて話して受けをとれる。旧ザイールの方が経済的にも文化的にも上だったので、格下に扱われがちなコンゴ人はこういうところで鬱憤を晴らしていたのだ。

いっぽう、これ以降、現地のマイナー言語を話すがゆえのデメリットも味わった。なめられるし、騙《だま》される。なにしろ相手は母語なのに対し、こっちは幼児のような言語力。自動的に関係までが大人と子供のようになってしまう。また、現地語で話していたらいつの間にか私がみんなに酒やなんかをおごるはめになっていたとか、料金が五千シリングから五万シリングに微妙に変化していたなどという怪奇現象が起きた。「65 ハウサ語」の頁で、ハウサ語テキストの著者が「〔ハウサ語習得の利点〕全くありません」と自虐的に語っているのに同感してしまう。アフリカではこの傾向が強いようで、私はソマリランドやソマリアでソマリ語を喋って何度痛い目にあったかわからない（ちなみに、私は一昨年、ナイジェリアのハウサの村を訪れたとき、「おいしい」とか「これでおしまい」などといった言葉をその場で習って喋ったら和やかな雰囲気になった。その程度なら利点はあるようだ）。

でも、いったん言語の魅力にとりつかれると、そこから離れるのは不可能。次第に、次の旅（取材）でどんな言語を習うのかがこの上ない楽しみにもなってきた。

これまで味わった最大級の言語的悲喜劇は、今から十数年前、インドでの謎の怪魚探しにおいて生じた。インド東部のオリッサ州の海辺で漁師が謎の巨大魚を捕まえて食べているという目撃報告を受け、探しに行こうとした。もしかしたら、その魚はシーラカンスにも匹敵する未知の魚である可能性があった。というか、私はそう信じていた。

探索にはコミュニケーションが必須だ。インドでは英語が通じるとされているが、それは外国人が出入りする場所や知識層の人たちの間だけで、どうやら英語を話す人はインド全人口の一割にも満たないらしい。英語のインド映画がいくらもないことからもそれは察せられる。

したがって現地の言葉を習わねばいけないが、それが何種類もあるのである。まず「74　ヒンディー語」。ボリウッド映画のおかげで、現在インド人のみならず南アジア全体で八億人が共通語として使用していると言われるが、黒田さんがおっしゃるとおり、そんな統計は全く当てにならない。オリッサ州の田舎の庶民までそれを解すかどうかは未知数だ。

次の候補はオリッサ州の公用語であるオリヤー語。これならオリッサ州のほとんどの人が理解するらしい。だが、問題なのは肝心の漁師。彼らは隣りのアンドラプラデーシュ州から越境してきた人々で、母語は「57　テルグ語」だという。

どれにしようかと悩んでいるときが語学マニアにとって至福である。結局、上野に住んでいるオリッサ出身のインド人ビジネスマンを見つけて訊いてみたら、「オリヤー語がいちばん通じるだろう」とのことなので、彼に三カ月ほど集中特訓レッスンを受けた。「その魚はどこで見ましたか?」とか「その魚はどこでよく捕れますか?」とか「魚を見つけたらすぐ私に教えて下さい」といったような、怪魚探しに特化したオリヤー語の会話例文を作って覚えたのである。準備は——少なくとも言語的には——万端だった。

しかし結果は悲惨というかコメディーというか。私はかつて、やむを得ない事情で、ビザなしでインドに入国して強制送還されたことがあった。その記録がコルカタの空港イミグレーションに残っており、入国を拒否されたのだ。空港内で五日間拘束されたが、この間、空港職員や警察の係官にオリヤー語で自分の入国の目的(怪魚探し)を説明すると、意外にもけっこう理解された。コルカタの人たちの母語は「85 ベンガル語」で、オリヤー語と想像以上に近かったのだ。こんなところでオリヤー語が通じても全く意味がなかったのだが。

悲しいことにまたもや強制送還。執念深い私は、今度はオリッサ州以外も探索範囲に広げるべく、「74 ヒンディー語」を学習して捲土重来を期したが、結局二度とインドに行けることはなかった。完全にブラックリスト入りしてしまったのだ。

ヒンディー語、けっこう頑張ったのに無念！――と思っていたら、つい二年前、パキスタンで使う機会に恵まれた。本書で紹介されているように、パキスタンの公用語である「19 ウルドゥー語」とヒンディー語は同じ言語と呼んでも差し支えない関係だ。ただ、文字が決定的にちがう。私はヒンディー語を「36 サンスクリット語」由来のデーヴァナーガリー文字で習っている。ところがウルドゥー語はアラビア文字だ。

黒田さんは「7 アラビア語」で、「アラビア語は秀才の言語」と妙に恐れているが（こういうところが黒田さんに親しみをもてるところだ）、私がアラビア語でいちばん厄介だと思うのは、文字を右から左に書くとか、発音とかではなく、文字に子音しか表せないことだ。語頭と長母音だけは表記されるが、語頭以外の短母音は一切表記がない。したがって「彼は書いた（カタバ）」と「三冊以上の本（クトゥブ）」が同じ表記になるなんて有り得ないことが起きる。毎回、前後の文脈から、どの単語（音）なのか探っていくしかないのだ。

さらにアラビア文字を導入した全ての言語にこの問題まで一緒に導入されているのが遺憾すぎる。ウルドゥー語の他、「67 パシュトー語」や「83 ペルシア語」もそうだ。かつてはソマリ語や「61 トルコ語」もアラビア文字表記だったが、二十世紀になって、どちらも近代化のかけ声のもとにラテン文字に替えられた。イスラム法学者などから大反対を浴びたものの、結果として両言語とも識字率が飛躍的にあがったそうだ。母音、やっぱり表記した方がみんなのためなのだ。ウルドゥー語やパシュトー語もラテン文字にしたら学習者数が飛躍的にあがる……なんてことはないか。

ともかく、私はウルドゥー語とヒンディー語両方の単語帳をもっていき、二つ対照しながら単語を調べるというか思い出そうとしたのだが、さすがに無理だった。そもそも、そのときはウルドゥー語に格別興味がなかった。パキスタンへ行ったのは、ブルシャスキー語をかじるためだった。取材ではなく純粋に趣味である。

ブルシャスキー語は言語学者や言語好きの間では知られた存在だ。ユーラシア大陸で数少ない「孤立言語」なのだ。孤立言語とはインド＝ヨーロッパ語族とか、チベット＝ビルマ語族といった言語系統との関係が不明な言語のことで、ユーラシア大陸では他に「68 バスク語」や、「32 グルジア語」が含まれるコーカサス諸語が有名だ。

私はバスク語については『バスク語のしくみ』（白水社）を読んでその独特な文法構造に大いに興奮させられた。私が知っている言語とは全くちがう。それでブルシャスキー語もどんな言語なのか自分で確かめたいと思ったのだ。

特に関心があったのは、本書でも再三登場する能格。この能格ってやつを自分でししゃべってみたかった。まったく不思議なことに、バスク語、コーカサス諸語、そしてブルシャスキー語は他の文法構造や基礎語彙はまるで異なるにもかかわらず、能格があるという一点で共通しているのだ。能格を「辺境言語の特徴」とまで言う人もおり、マイナー言語偏愛者にして辺境作家を自称する私がそそられないわけがない。面白いことに、パシュトー語やヒンディー語・ウルドゥー語にも能格があらわれるが過去形においてだけである。全ての時制で能格が出現するのはこの三つの言語（グループ）にかぎられるらしい。

さて、実際にパキスタン北部のフンザという場所に行って、三週間ほどブルシャスキー語をかじってみた。トレッキングをしながら、ガイドやポーターに例文を聞きまくって文法を解析しようとしたのだ。あまりに困難かつ無意味な作業で、「言語学者でもないのに俺は一体何をやってるのか」と眠れない晩もあった。

いまだにこの話を全く書いていない。どう書いたらいいのかわからないのだ。言語の話は書くのがすごく難しい。文法や発音を詳しく説明したところで、ブルシャスキー語や言語学を知らない人（つまりほとんどの読者）には付いてこられない。

そう思って放置していたのだが、今回、本書を読み、気づいた。

「そうか、黒田さん方式でやればいいのか」

私は黒田さんのエッセイが好きで、これまで十冊ぐらい読んでいる。思い返せば、それらも黒田さんならではの書き方がされていた。黒田さんはプロの言語学者だが、エッセイを書くときは文法や音声のことなど詳しく書かない。もちろん多少は書いているが、あくまで舞台背景である。では何を書いているのかというと、「気持ち」を書いている。私たち一般人と同じ立ち位置での気持ち。本書でもそうだ。

泥酔して記憶を失っていてもロシア語が流暢に話せたときの嬉しさ、奥さんのために韓国語でトイレはどこ？　と訊いてちゃんと答えを得たのにそれが男性用トイレだったときのトホホ感、うまく喋ったつもりが動詞の活用を間違えていたと後で気づいたときの悔しさ、そして「28カンボジア語」をはじめ、世間では「小さな」言語と軽く見られている言語に対する熱い応援の気持ち。そういう些細にしてリアルな気持ちが、同じように言語に苦しみながら言語を愛する人たちに共感と励ましを与えてくれるのだ。

私もブルシャスキー語を学んだときの気持ちを書いてみようか。でもちょっとは文法にも触れたい。特に能格。

誰かに共感してもらえるかどうか不明だけど、熱い気持ちだけは伝えたいと思うのである。

本書は二〇〇八年九月に講談社より刊行された『世界の言語入門』を増補、改題したものです。

ポケットに外国語を　黒田龍之助
言葉への異常な愛情で、外国語本来の面白さを伝えるエッセイ集。ついでに外国語学習が、もっと楽しくなるヒントもつまっている。（堀江敏幸）

その他の外国語エトセトラ　黒田龍之助
英語、独語などメジャーな言語ではないけれど、世界のどこかで使われている外国語。それにまつわる面白いけど役に立たないエッセイ集。（菊池良生）

英語に強くなる本　岩田一男
昭和を代表するベストセラー、待望の復刊。暗記やテクニックではなく本質を踏まえた学習法は今も新鮮なわかりやすさをお届けします。（晴山陽一）

英単語記憶術　岩田一男
単語を構成する語源を捉えることで、語の成り立ちを理解することを説き、丸暗記では得られない体系的な英単語習得を提案する50年前の名著復刊。

英熟語記憶術　岩田一男
英語のマスターは熟語の征服にかかっている！　単語を英語的な発想法で系統的にとらえることにより、派生する熟語を自然に理解できるよう目指す。

英絵辞典　岩田一男　真鍋博
真鍋博のポップで精緻なイラストで描かれた日常生活の205の場面に、6000語の英単語を配したビジュアル英単語辞典。（マーティン・ジャナル）

言葉を育てる　米原万里対談集　米原万里
この毒舌が、もう聞けない……類い稀なる言葉の遣い手、米原万里さんの最初で最後の対談集。VS.林真理子、児玉清、田丸公美子、糸井重里ほか。

パンツの面目ふんどしの沽券　米原万里
キリストの下着はパンツか腰巻か？　幼い日にめばえた疑問を手がかりに、人類史上の謎に挑んだ、抱腹絶倒&禁断のエッセイ。（井上章一）

イギリスだより　カレル・チャペック旅行記コレクション　カレル・チャペック　飯島周編訳
風俗を描かせたら文章も絵もピカ一のチャペック。イングランド各地をまわった楽しいスケッチ満載で、今も変わらぬイギリス人の愛らしさが冴える。

スペイン旅行記　カレル・チャペック旅行記コレクション　カレル・チャペック　飯島周編訳
描きたいものに事欠かないスペイン。酒場だファサードだ闘牛だフラメンコだ、興奮気味にその楽しさを語りスケッチを描く、旅エッセイの真骨頂。

北欧の旅　カレル・チャペック旅行記コレクション
カレル・チャペック　飯島周編訳
そこには森とフィヨルドと牛と素朴な人々の暮らしがあった。デンマーク、ノルウェー、スウェーデンを鉄道と船でゆったりと旅した記録。本邦初訳。

オランダ絵図　カレル・チャペック旅行記コレクション
カレル・チャペック　飯島周編訳
そこにあるのは、水車、吊り橋、ボート、牛、そして自転車。ヨーロッパの中の小さな小さな国に、チャペックが大きな世界と民族を見る見聞記。

死の舞踏
スティーヴン・キング　安野玲訳
帝王キングがあらゆるメディアのホラーについて圧倒的な熱量で語り尽くす伝説のエッセイ。「２０１０年版へのまえがき」を付した完全版。（町山智浩）

モロッコ流謫
四方田犬彦
ボウルズ、バロウズ、ジュネ、石川三四郎……作家たちの運命を変えた地の魅力に迫る紀行エッセイ。第11回伊藤整文学賞、第16回講談社エッセイ賞受賞。

屋上がえり
石田千
屋上があるととりあえずのぼってみたくなる。百貨店、病院、古書店、母校……広い視界の中で想いを紡ぐ不思議な味のエッセイ集。（大竹聡）

大東京ぐるぐる自転車
伊藤礼
六十八歳で自転車に乗り始め、はや十四年。ペースメーカーを装着した体で走行した距離は約四万キロ！　味わい深い小冒険の数々。（平松洋子）

ねにもつタイプ
岸本佐知子
何となく気になることにこだわる、ねにもつ。思索、奇想、妄想はばたく脳内ワールドをリズミカルな名短文でつづる。第23回講談社エッセイ賞受賞。

なんらかの事情
岸本佐知子
エッセイ？　妄想？　それとも短篇小説？　……モヤッとするのに心地よい！　翻訳家・岸本佐知子の頭の中を覗くような可笑しな世界へようこそ！

全身翻訳家
鴻巣友季子
何をやっても翻訳的思考から逃れられない。妙に言葉が気になり妙な連想にはまる。翻訳というメガネで世界を見た貴重な記録（エッセイ）。（穂村弘）

神も仏もありませぬ
佐野洋子
還暦……もう人生おりたかった。でも春のきざしの蕗の薹に感動する自分がいる。意味なく生きても人は幸せなのだ。第３回小林秀雄賞受賞。（長嶋康郎）

ちくま文庫

世《せ》界《かい》のことばアイウエオ

二〇一八年五月十日　第一刷発行

著　者　黒田龍之助（くろだ・りゅうのすけ）
発行者　山野浩一
発行所　株式会社　筑摩書房
東京都台東区蔵前二―五―三　〒一一一―八七五五
振替〇〇一六〇―八―四一二三
装幀者　安野光雅
印刷所　明和印刷株式会社
製本所　株式会社積信堂

乱丁・落丁本の場合は、左記宛にご送付下さい。
送料小社負担でお取り替えいたします。
ご注文・お問い合わせも左記へお願いします。
筑摩書房サービスセンター
埼玉県さいたま市北区櫛引町二―六〇四　〒三三一―八五〇七
電話番号　〇四八―六五一―〇〇五三

ISBN978-4-480-43509-5 C0180